「文心书系」

拾忆光年

北师大二附中
文科实验班
（第二辑）作文精选

主　　编　赵鼎轩

商务印书馆国际有限公司

图书在版编目（CIP）数据

北师大二附中文科实验班作文精选（第二辑 ）/ 赵鼎轩主编．— 北京：商务印书馆国际有限公司，2014.3（2015.3重印）

ISBN 978-7-5176-0066-4

Ⅰ．①北… Ⅱ．①赵… Ⅲ．①作文－高中－选集 Ⅳ．① H194.5

中国版本图书馆 CIP 数据核字（2013）第 295687 号

北师大二附中文科实验班作文精选（第二辑）

主　　编　赵鼎轩
责任编辑　蔡红英
出版发行　商务印书馆国际有限公司
（地址 北京市东城区史家胡同甲 24 号　邮编 100010）
（总编室电话 010－65592876　市场营销部电话 010－65598498）
经　　销　全国新华书店
印　　刷　三河紫恒印装有限公司
开　　本　710mm × 1000mm　1/16
印　　张　15.75
字　　数　230 千字
版　　次　2015 年 3 月第 1 版第 2 次印刷
书　　号　ISBN 978-7-5176-0066-4
定　　价　29.80 元

写在前面

《文心雕龙》有言曰：“夫文心者，言为文之用心也。”这固然是我们作文结集所奉行的准则，然文心之于我们，还是一种传承。

每每看到高二、高三就抱着自己的文集到处推销的同学或学弟学妹，我们总不由得自惭形秽。这本书终于走到了今天，走到了即将问世的终途，我们班的所有人却已经离开高中，离开我们的文科实验班将近半年了。所以，我总会听到这样的问题：你们为什么还要坚持把这本书出出来?

2010年的夏天，我们走到了一起，走到了这一轮文科班的开始。我尚能清晰地回忆当年的起始课，记得老师给我们开的书单。这一切，带我们走进新的世界。

即使到今天，别人评价我们的标准又一次“堕落”成高考成绩，我们“实验”的结果似乎不过是较高的所谓“北清率”，但我们仍然相信，我们并不是这样的。

因为，我们有一颗文心。

我们不是学霸，不是“文青”，我们只是孩子，是生活在书籍的温养里、名师的教诲里、秀美的山河里、悠长的历史里的孩子；

我们仍然相信，我们之所以曾作为文科实验班学生而存在，不是为了（最起码不光是为了）能够在高考中取得更好的成绩，不是为了能够有更大的把握上北大、清华。不，我们并不是这样的。

我们有一颗文心。这一颗文心，是赤红色的、稚嫩的，却又是生机勃勃的。我们怀有一种初生牛犊式的鲁莽和冲动，我们相信一些也许很多人已经不再相信的东西。我们不知道这样的我们可以存活多久，也不知道未来这样的我们会走向何方，但是，此时此刻的我们，即使已经离开了温养着我们的文科班，我们依然努力地跳动着一颗这样的文心。这样的一颗心是我们的财富，是一种幸运，更是我们所爱的一种传承。

我至今仍记得我们的语文老师满含深情的教导，记得他对于世风流弊的沉痛，记得他在我们顽劣的时候作为君子的哀鸣，记得他那句“便觉眼前生意满，须知世上苦人多”。还有我们的第一位班主任，在“小悦悦”事件后临时开班会，记得她说的话、她的表情。还有《小流汇海游中国》《死亡诗社》《华氏 451 度》，还有黄土烈日的浓彩三秦、白墙黑瓦的水墨江南，还有泰山、天津，还有很多很多……这所有的一切，是我们这颗文心之所以跳动的理由，也是我们一定要守护的传承。

所以，即使过了这么长的时间，我们也已经各奔前程，但我们仍然希望能够把这一本文心、这一本青春的纪念册——这一个文科班的传统，坚持下去。我们不想，也不敢，让这样的一种传统在我们的手里断开。这是我们的祈愿。

谨以此书，纪念我们的青春！

胡可

2013.12.25

目录

第四卷 评论·朽与不朽

第五卷　诗歌·闲来试填词

第六卷　书评·最是鲁迅应该读

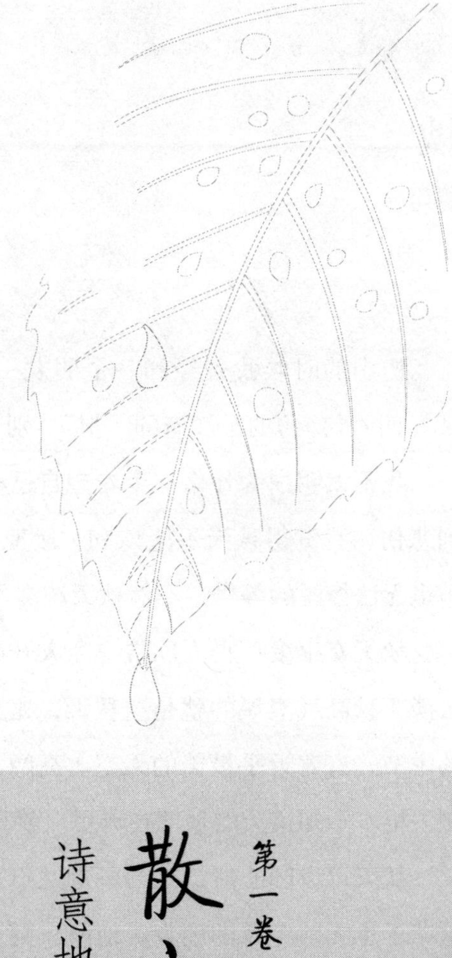

第一卷 散文

诗意地栖居

秋

胡可

初中的时候我曾经和一个朋友一时兴起写了一篇不入流的骈文《秋赋》，四六句，仿的是江淹的“恨”“别”两赋，不过后来毕业搬东西失散了。

我不太明白为什么一个希望自己有文化的中国人就一定要在秋天感受到悲伤。我觉得秋天不应该和“凄凉”“萧索”“寂寥”“悲戚”画上一辈子也无法挣脱的等号，不然秋天该多可怜啊！

秋天有很多值得人欣赏、令人开心的事物。第一个就是天。所谓天高云淡、秋高气爽说的就是这秋天，尤其是北京的秋天。秋天作为北京最美的季节，有着近乎最美的天空。高阔，通常没什么云；淡淡的蓝色，放眼望去根本不知道天的顶端在哪里。就只抬抬头，心里面就无限敞亮。

秋天可以随心所欲地当一个“不知道天高地厚”的人。天高，高到我这辈子也无法企及的地方；地厚，则是因为源源不断从后土上生长出来的东西。我小的时候不知道植物是怎么生长的，满心以为是从地里面冒出来的——其实这么说也没错。如果说冬天能看到新雪、春天能够喝新茶、夏天能玩儿新蝉，秋天就可以干太多太多的事情了！

新米要下来了，稻田里面金色的浪上下翻滚；山里红，红彤彤，圆圆的，也熟了。去香山玩儿的话，除了红叶，夹道小摊上的各种山货也是重点；苹果、梨子也熟了，透着一股子香味儿；还有葡萄，弯腰去捡，上面还挂着一层薄薄的白霜儿，可爱极了！

说得最多的就是落叶了，不过那也真是好看。叶子会落，这是没错，可是叶子落了树不会死。反而是叶子不落蒸发量太大，树有可能熬不过严冬会死掉。扫叶子的校工喜欢把叶子扫成一堆。我特别喜欢踩在叶子上的感觉和声音，小时候总往那树叶堆上跳，有时候也会平白遭人嫌。

近现代中国画里面，我最喜欢的就是《万山红遍层林尽染》。它是那样的美，就好像把上好的银朱调好之后从崇山峻岭之巅泼下去一样。

不光是红叶，秋天的树林，有各种各样的颜色。深深浅浅的绿，浓浓淡淡的黄，间杂着深朱浅紫。若要看纯粹的颜色，又不喜欢红叶，还可以去看银杏。我的幼儿园以前有几棵银杏树，到了秋天银黄色的叶子飘来飘去，散落一地。

或者还可以看菊花，各式各样，尽态极妍。记得小时候英东楼那边有菊花展，高高低低，绽开的、簇开的；颜色缤纷，黄的、白的。螃蟹也开始要“遭殃”，肥肥的螃蟹莹莹的黄儿，吃的时候再偷偷抿一小口酒，顿时感觉人生都圆满了。

突然就想起当年我写的一句话：“正菊黄蟹肥。携友登高，当风临远。大白浮而豪气生，小红落而柔情起。”秋天有这么多这么多美好的东西，可怜大家总把她程式化地和悲戚联在一起。

这时大概有人要说，在秋天开心的都是没有文化的人，我觉得，也不尽然。从我记事起，小学的开学致辞或者九、十月份的学生活动，开头总少不了这两句话：“金秋十（九）月，丹桂飘香。”后来上了初中，我们的校长更是有一个致辞模板，每年填上不一样的数据，可是开头两句总不会变，大意就是“在这个金色的秋天”云云。

秋天是金色的啊！是丰收的颜色，是美！我想了很久为什么现在中国人看见秋就一定要联想到悲戚，我觉得这并不健康。诚然，秋天的气温、秋天的落叶、秋天的颜色都使人能够联想到悲伤。可是，春天的“伤”压不倒“生”，夏天的“燥”压不倒绿，冬天的“冷”压不倒“瑞雪兆丰年”

的银装素裹，为什么只有秋天，她的美好被“悲”压倒了呢？

“一切景语皆情语”，所有的悲秋景色都是那些作者们内心的悲伤，经由他们的笔，被放大。而后来的读书人能接触到的文字，大多由这些人而写，久而久之，所有的读书人就接受了“悲秋”这一团体烙印了。

如此，我宁愿在秋天当一个农民，和大多数农民一起享受丰收的喜悦，感受生命的精贵；也不要高冠缓袖，坐北面南，看见一片叶子盘旋而落，然后叹一口气说：“秋风——萧瑟——天气凉——啊！”

生活当然不能处处如意，“人生不如意者十有八九”，那干吗还自己给自己找不痛快呢？

古人有别愁，有迁情，有忠君爱国却君昏国破的不走运，有怀才不遇报国无门的愤懑，他们愁就愁吧；大人有责任、有遗憾、有苦说不出，他们愁也就愁吧，而我决不要。所谓“少年不识愁滋味”，能不愁就先不愁。

开始的时候我所说的“不入流”也就是在这里。我和我那个朋友都有一些混不吝的小流氓气质，开心是我们最宝贵的东西，我们决不允许固有的文化窠臼夺走我们一年中四分之一的快乐。我们在上学路上，左一脚右一脚踩在叶子上走；下课的时候，在树坑里踩或软或脆的叶子；回家后吃螃蟹，吃得满脸满手都是蟹膏蟹脂，第二天嘲笑对方脸上的小包；一起秋游，跑到山顶，对着少有高阔的天空大声喊：“×× 是笨蛋！”打会儿牌，一起回家。

快乐的时光是自己给的。我是如此幸运，拥有这么多的快乐。当然，我也会在秋风落叶中哀叹开学考试可怜的成绩或是我还没补完的假期作业，却决不屈从于任何形式的外来悲伤。

所谓“混不吝的小流氓”，就是“千金难买高兴”。人生百年短，你这一悲秋，二十五年就过去了，太奢侈。

虔诚

张卓

很久没落笔写字了，这次写完，不知下次又是何时。这个题目是很早之前就想留点墨的，但时间不容我回头，现在写下，也不算晚。

我喜欢“虔诚”这两个字，这不仅仅是信徒对宗教的情感那么简单，“虔诚”是一种生命的必需品，只是现在太多人少了它，丢了它，找不到它了。

常常冲小孩笑笑，因为能感受到他们那最真的虔诚。那眼睛中是对一切陌生事物的向往。他们不粉饰、不雕琢，他们爱就笑，恨就哭。他们眼巴巴、流着口水望着高大陌生人手中的陌生东西——食物？或许在他们看来，那是一团鲜艳的颜色。他们目不转睛，这就是虔诚。

你怕是要说我亵渎这个神圣的词语了吧？我看不然。

小孩子的渴望就是虔诚，与我们不同的是，孩子的虔诚背后只有渴望。他们想，也只是想想。而这种真，我们做不到。我们顾忌别人眼中自己的形象，害怕伤了感情，没了朋友，所有拥有的都因为想要的还没拥有而黯然失色。这时的渴望就凭空多了一些欲望，一些要拼命赶上的动力，一些不愿意被承认的情感。这时的感觉，就早已不是渴望，而是给自己的一个保持内心跌宕、不平衡的理由。不必摇头，我们必须承认，这就是成长的代价。

我并不悲观，我也不善于看透人性，看破红尘。我只是在呼唤丢失已久的那份感情与真。我，斗胆把它们称为虔诚。如今没有多少人介意人们交谈时的眼神，因为他们知道，不必面对，也不敢面对吧。

有时候恰恰是丢了的东西才会更有用。

因为我们丢了，我们才更渴望；我们找到后，记起渴望，才会珍惜。而如今，我们丢了虔诚，对生命的虔诚。我们走得太快，以至于还没看到选择的路，就要跑到预设的终点。是生活的快节奏让我们跑起来，但无论是走，或是跑，最重要的是把握住我们心中的风向标——虔诚。

对流走的一分一秒，虔诚些。感谢你曾拥有，珍惜你拿它们换回的生活。这一分一秒，加在一起就是生命。每个人的生命由这一分一秒加在一起，就是一切。只有虔诚的一切，才能反射出其对生活的正常回馈。只有虔诚地生活，才能使生命拥有继续虔诚的原动力。只有拥有虔诚的动力，才能使一分一秒拥有存在的意义。

对身边的每个人，虔诚些。他们无论是在你身边擦肩而过，还是给你留下刻骨铭心的痕迹，那都是赐予你的这一生应该承受的礼物。永远不要忽略星点的关于身边人的线索，那才是组成你生命外部世界的因素。无论何时，人都比你的拥有更重要。因为只有人，才会和你同样的存在，同样的垂坠于宇宙的同一个维度。只有人，才能理解你的虔诚。

对赋予你的一切，虔诚些。“存在即合理”虽不永远合理，但我们必须对存在于我们生命中的存在虔诚些，把你的心显露给自己，让你看清心中的每一个角落。不要怕疼，像直面阳光一样，直面心中久久不能敞开的地方。会有苦痛，但铭记一点，那是你自己的心。虔诚地剖析自己，无论美好、邪恶，无论成功、失败，看清自己，才能读懂人生，才能看清别人，才能看懂世界。

其实很简单，虔诚就是真。

很简单，当你看到美丽的蓝天，赞美她时；当你跳出心理枷锁，拥抱梦想时；当你直面惨淡的人生，感谢她时，这，就是虔诚。

玩墨

韩靓

大书法家、大画家都爱用个“玩”字。每每有了佳作，听着别人的惊声赞叹，便稍一拱手：“玩呢，瞎抹罢了。”殊不知，这错用了一个“玩”字又引得多少人顶礼膜拜，多少人自愧不如。且不论这是谦虚还是虚伪，我倒敢说自己真是玩墨，是真的“玩”！

真正自己动手碰墨和毛笔，是在小学的书法课上。一进专业教室的门，一股墨味便扑鼻而来，不难闻，但也没传闻中的那么香。教书法的是一位男老师，姓段，人不邋遢，但那双大手倒是总弥漫着仿佛永远洗不掉的墨味。我对写毛笔字不大感兴趣，倒是对这毫那毫、这宣那宣颇有兴趣。虽然颜真卿、王羲之的字儿倒是描过了几本，但谈不上很认真。说到底还是对那《快雪时晴帖》、“三希堂”的故事更上心，或是对调皮的男孩把墨点甩到我新衣服上的事不依不饶。现在想想，那时能有专门的时间，坐下来“舞文弄墨”，也真是奢侈和幸福。

前儿个翻柜子，竟翻出了小学时用的“一得阁”，想倒点在报纸上看它干没干。谁知轻轻一斜，那墨色的小溪便顺畅地流了下来，在报纸上形成一个圆鼓鼓的小包。一时间，竟玩心大作，耍了起来。

手头没有毛笔，干不了啥高级的玩法，只是翻转着报纸，让墨汁肆意流淌，黑色的线条笔直地下来，稍一转角度便又改变了方向，只是一念之差，就能改变后来的整个轨迹，多转几次，不仅有了折线、曲线，还又有了几个分支。冲在前面的墨形成一个小圆头，初生牛犊不怕虎，一个劲地向前冲。起初很快，但越来越慢，那个圆头也越来越小，仿佛被身后长长的黑线拖住了身体，没了鲁莽，渐渐趋于平淡，仿佛这场戏已然落幕。但将纸旋转 90° ，它又“死灰复燃”了。即便没有头茬那样饱满，但当几股汇成一股后，它又像箭一样直冲下来。再次的焕发显然谨慎了许多，几股小力量也悄悄地滋长起来，明明你只盯着最粗的一股，那细细的小墨流却不知从哪里冒了出来。它们的负担小，行军速度快。虽不如大股的墨滑行得久，但足以抓住你的眼球，关注那流星般的一瞬。每当你觉得墨的行程已然终结时，只一转角度，或轻轻一磕，它们便又“东山再起”，直至能量真的殆尽。再看眼前的报纸，俨然是一幅写意画啊！

我来了兴趣，便又拿了张 A4 纸，打印纸光滑，墨自然流得更快，但也更难掌握。快速调整间倒少了几分看报纸上的墨缓缓流下的乐趣。复看背面，报纸吸了墨，两面，甚至是第二张纸的上面都留有了墨行的足迹。而打印纸上，墨浮着，还没有到“入木三分”的程度。大概只有行得艰难，慢慢经过，才能留下印迹吧。

我不想用重力、摩擦力等物理知识锢住玩墨的乐趣，但还是不免俗套，想到了人生。墨行于纸间，也映照了人的一生吧。

恍惚间，墨滴到手上，我没有像小学时那样大惊小怪地找水冲掉，反而凑至鼻尖使劲嗅着。同样的味道，又让我想起小学那个段老师，他一手妙笔丹青，时而严厉时而幽默，形容起同学的字儿来生动形象，有时也不免令当事人羞愧难当。讲到兴头上了，他便用笔沾水在黑板上写起来。篆书、行书甚至是甲骨文，大概他也会称那是玩吧，但水干则无，哪有墨来得深刻？

可是玩墨是玩，要是真由自己操控人生的墨迹，又有哪个会轻轻松松地任它流淌呢？玩墨也罢，认真写也罢，墨在纸上流过，便无法再改。

玩了回墨，心静了许多。

记一位乞讨者

靳天宇

记得那是一个春天，北京的春天，虽说是春，却还弥留着几股严冬的气息。冷风袭来，我不禁在街上打了一个寒战。每个人都是行色匆匆地从天桥上路过，整条大街显得很沉默。

我也并不例外，早上起得晚了，而上课却要赶公交车，晚几分钟就有可能要花上十几分钟来等下一班车，这是我所不愿意的。心里这样想着，腿也就不由得加快了速度，直到一只脏兮兮的手伸了出来，拦住了我的去路。

我十分厌恶这些乞讨者，每天装得一副可怜的样子，实际上呢，据说他们每天都收入不菲。我对这种为了钱而出卖自己尊严的事情很是不耻，正当我想摆手的时候，无意间扫过了她的脸。

那是一头灰白色的头发，枯燥的发丝上面还能隐约地看到一些头屑；泛黄却没有一点血色的脸上满是风霜，这是一张被岁月磨砺过的脸；眼神是十分空洞的，目光中充满了疲惫感。身上穿得也是破破烂烂的，棉花从她那件补得不能再补的棉袄里挤了出来，让人不禁怀疑她只有这么一件可以御寒的衣裳。手背是皲裂的，我甚至看到了她指缝中的黑泥。看着她跪在地上的双膝，我一扫对她的鄙夷，代替的则是同情与不忍。

我急忙翻自己的衣兜，想找出一些钱。但我最终还是失望地发现我身无分文。我陷入了像屠格涅夫那样的困境中，但是看着她浑身脏兮兮的样子，我实在是没有勇气也不愿像屠格涅夫一样去握住她的手来送给她一些温暖。就这样我冲她摆了摆手，把头埋得更低，加快了自己的脚步，走了。

那辆车还是没有等我，自顾自地离开了。我站在车站，抬头还能看见她那并不清晰的背影。“她没有子女吗？她的子女在哪里？她为什么不能和子女在一起生活？为什么那么大年纪了还要在街上乞讨？她的身体这么虚弱，整天地在街上乞讨，怎么能吃得消？……”一个个问号在我的脑海里叹息着，我想着这些问题，等着车。天真冷，一丝暖意都没有。

——车来了，我又看了一眼那个乞丐，她还是在那里蜷缩着，我无言地叹息了一声，上了车。一路上颠簸着，却始终想着那个乞丐，她的样子，她的未来……

终于到站了，我下了车，阳光直射在我的脸上，有一种暖暖的感觉。而这阳光是否可以穿透那严冬的肃杀，照在那位老人的身上呢？

读亦舒

韩靓

要不是久仰亦舒的大名，也断不会去找来言情小说看吧。初读，真没有感到有那些“亦舒女郎”所说的那种恍然找到精神领袖、灵魂知己般的激动，只是觉得文字清丽，倒也读得顺畅。照旧，文山第一个从我手中借走了那本书，给出的，却是不一样的评价：

“亦舒的文字——”他掂着读的不到五分之一的《禁足》，欲言又止。

“我知道，很有特点。据说，就算亦舒换了笔名，她的读者也能一眼认出来。”

“我不喜欢。”

我被这评价弄了个措手不及。虽说我很难说自己是否喜欢她的风格，但这样直截了当的表达，似乎激起了我为那个印象中神化的亦舒辩护的冲动。

“我喜欢。”我说的时候分明有几分赌气。

“我……”

上课铃没有给他再多的辩论时间，谈话也就在这种莫名其妙的不愉快中结束。

亦舒的第二本书是在舅妈家的旧书堆里找到的。读罢，也便懂得文山那种态度从何而来。本来就是给女性看的书，又特意贴上了独立女性的标签，眉宇间的自命清高、不食人间烟火早就拒人于千里之外。更何况，亦舒笔下的男子一出生就烙着不完美的印记，还如此被女性看低，难怪平日很少给作品下绝对否定的文山只看了薄薄几页就迅速站清阵营。

有人说，读亦舒成剩女，这句笑话也不无道理。那样的目下无尘、自视甚高，纵使男子再仰慕那倾国倾城貌，再憧憬那气质美如兰，也忍受不了那所谓的“自主自立”吧。等“亦舒女郎”懂得那“爱我更懂我”的男子其实可遇不可求时，再怎样的妙龄少女也熬成了大龄未婚女青年。其中，有的慨叹一声，不情愿地从了俗，只是偶尔在柴米油盐中幻想下遮了大半张脸的墨镜下的另一个自己；有的，愤而转身，再次投入香闺中，做起了资深文青，愈感世事恶俗不堪。也好，总之爱上一个高产作家是不会错的。

我深知“少不读亦舒”，提醒着自己别陷进这聪明的陷阱里。毕竟，我没那样的资本容我这般自在任性。但是，那字里行间女性的自豪感确实让人读着欣喜，读着痛快。偶然从现实中跳进书里扎个猛子，倒也觉得沁人心脾，可湿漉漉地抬起头来，总归还是得提醒自己别被进了脑子的水呛得失了方向。

说到底，自己终归是个俗人。

鲁迅笔下的故乡

吴思萱

故乡之于所有中国人，都是生命的起点，梦想的起点，心灵的原点。当我们身在故乡，故乡的土地、故乡的清泉哺育我们；当我们告别故乡，故乡的深情、故乡的厚意让我们永远魂牵梦萦，久久不能释怀。

“两岸全是青青的山，中间是一条清浅的水，有时候过一个沙洲，洲上的桃花菜花，还有许多不晓得名字的白色的花，正在喧闹着春暮，吸引着蜂蝶。抬起头来一看，四面的水光山色又忽而变了样子了。”这是郁达夫的故乡富阳。

“沿河最著名的风景是小金山，法海寺，五亭桥；最远的便是平山堂了。”此乃朱自清的故乡扬州。

“地方东南四十里接近大河，一道河流肥沃了平衍的两岸，多米，多橘柚。西北二十里后，即已渐入高原，近抵苗乡，万山重叠，大小重叠的山中，大杉树以长年深绿逼人的颜色，蔓延各处。”这是沈从文的故乡凤凰。

“南北海里的绿柳新蒲，招引来吹着口琴的少年，男男女女把小船放到柳荫下，或荡在嫩荷间，口里吹着情歌，眉眼也会接吻。公园里的牡丹芍药，邀来骚人雅士，缓步徘徊，摇着名贵的纸扇；走乏了，便在红墙前，绿松下，饮几杯足以引起闲愁的清茶，偷眼看着来往的大家闺秀与南北名花。”这是老舍的故乡北京。

“大渡河从西南流来，在峨眉山的第二峰和第三峰之间打了一个大弯，又折而向东北流去。因此我的家所在地，就名叫沙湾。地在山与水之间，太阳是从渡河的东岸出土，向峨眉山的背后落下去。”这是郭沫若的故乡乐山。

文人墨客，早春寻梦，悠游故乡，于是故乡的淳朴之风、灵秀之气便倾泻纸上，字里行间都充溢着文豪们对故乡的浓浓情意。

而绍兴之于鲁迅又意味着什么呢？只看《故乡》中“那轮金黄色的圆月，一望无际碧绿的西瓜田，一个手拿钢叉脖子上戴着银项圈的紫红脸膛少年”，会觉得绍兴是个诗情画意、富有童趣的地方。但在鲁迅笔下无论是闰土、“豆腐西施”杨二嫂、阿Q，还是孔乙己、祥林嫂甚至鲁四老爷这些原型真实存在于故乡的人物、取景于故乡风物的作品背景和因故乡生活经历而想到的情节中，我们可以深切感觉到的是鲁迅对故乡回忆的悲凉，故乡为鲁迅构造了一个冷峻的文学世界。

“我这次是专为了别他而来的。我们多年聚族而居的老屋，已经公同卖给别姓了。交屋的期限，只在本年，所以必须赶在正月初一以前，永别了熟识的老屋，而且远离了熟识的故乡，搬家到我在谋食的异地去。”鲁迅从故乡感受到的是众叛亲离的彷徨与悲伤。

“冬季日短，又是雪天，夜色早已笼罩了全市镇。人们都在灯下匆忙，但窗外很寂静。雪花落在积得厚厚的雪褥上面，听去似乎瑟瑟有声，使人更加感得沉寂。我独坐在发出黄光的菜油灯下，想，这百无聊赖的祥林嫂，被人们弃在尘芥堆中的，看得厌倦了的陈旧的玩物，先前还将形骸露在尘芥里，从活得有趣的人们看来，恐怕要怪讶她何以还要存在……”鲁迅从故乡体会到的是人性冷漠、麻木的恐怖与无奈，更是封建对人们的毒害、压迫……

鲁迅生于半殖民地半封建社会，封建家族、封建王朝的败落，如同春雪融化，既缓慢又势不可挡，中国也像是被冰封一般，看不到任何希望。而浙江绍兴也许正是整个中国的缩影，鲁迅敏锐地从家族的衰败、故乡的陨落隐约嗅出的是整个中华民族所面临的从未有过的危机。可以说，正是在这样的大背景下，故乡没有了任何生机与活力。故乡对鲁迅的吸引力更是无从谈起，鲁迅心中仅存的淡淡乡愁与留恋最终被阴冷、昏黄、闭塞、愚昧的记忆摧毁。衰落的故乡、沦落的民族以及蠢蠢欲动的整个世界能让鲁迅想到的恐怕也只有由记忆纵横交错形成的恐慌堡垒。特殊的时代背景为鲁迅心中形成不一样的故乡提供了可能性。

而恰巧，鲁迅又是一个如此敏感的人。尽管他自幼接受最传统的教育，熟读四书五经，但他能突破封建礼教的枷锁、囚笼，敏锐地捕捉到儒家文化的弊端所在，尽管身处矛盾中，但却又能以一个局外人的角度重新审视自己所处的环境。鲁迅的特质便为他在心中形成对故乡不一样的印象再一次提供了可能性。

内因、外因俱全，这样鲁迅便“成功”地在熟人构成的狭小空间内发现了不一样的中国，发现了不一样的国民，以再熟悉不过的人物为原型加工出表达他内心愤懑与纠结的小说作品。这样，鲁迅心中的故乡便不再美丽动人，而是令人有些厌恶，它是这样与众不同。于是，故乡之于鲁迅，便不再是魂牵梦萦的归宿，而是认识国家与国民的起点。

我们从鲁迅笔下看到的清末民初的绍兴，既非通都大邑，也不是军事要冲，相对于长三角其他区域，到底还是闭塞的乡土社会。那些古朴的茶馆、酒店，在鲁迅笔下则是精神麻木而空虚的市民消磨时光、议论社会新闻的地方，是嘲弄不幸者取乐的所在。

鲁迅要逃离故乡，逃离绍兴去南京，逃离中国去日本。对于鲁迅，故乡无可留恋，故乡无可告别。不过，经历脱胎换骨的变化后，如今的浙江绍兴已全无旧时的黑暗，只可惜，鲁迅已经无法看到。

但我们可以试想如果鲁迅能亲眼看到如今的绍兴，他还会想到逃离吗？

诗酒趁年华

高昂

年少是要多读诗的。

很小的时候，妈妈买给我一本插图版《唐诗》，墨色柔和温暖，并注着拼音。那大概是我生命里第一次遇到这些有韵脚有韵味的东西。“鹅，鹅，鹅，曲项向天歌。白毛浮绿水，红掌拨清波。”我依旧记得背的第一首诗，看得到红掌白毛，静静地，仿佛还能听见那时的声音。现在回想起来，我与诗的相遇是多么伟大而美丽，诗作桥，连接生活与梦想的两岸，而幼稚如我，垂髫年纪就不自觉地上了船，时而摆渡到另一个世界，此后青山妩媚，燕舞莺啼。

慢慢长大，我认识了更多的字，爱上读诗，在诗里我看到了时间的速度，看见了永恒的无常。人的一生如百代之过客，此身何幸，躬逢盛世，得见海晏河清，柳绿桃红，又遇到良师益友，相逢此境。然而，就算生命可以超范围的绚烂，毕竟在这偌大的世界里，只是仅仅的一道痕迹罢了。人的生命只有一次，意味着我们能选择的风景只有一样。弗罗斯特说，林中有两条路，你永远只能走一条，怀念着另一条。我当然不甘怀念。而好奇心呀，对这世界深沉而单纯的爱，又怎能容我们只体味这一样情感呢！于是我们探索、寻觅，我们想看看其他的生命轨迹又是如何的绚烂、悲伤，如何的沉溺、清凉！透过几百年的熹微晨光，我看到戍边的古道上孤烟挺起，长河落日；我听到茫茫江岸，人叹故国往事，泪眼相看；我又闻见那一滩鸥鹭飞去阵阵的藕花香。透过面前的薄纸和油墨，我遥望千姿百态的他们，可是穿过百年光阴，抚摸着他们留下的痕迹，禁不住念出声音，我分明又看见他们的轮廓和身影！忧国伤时也好，花前病酒也罢，他们以自己的真情为笔，将满腔情怀镌刻在时光之树。从此风霜雪雨，存留至今。

年少时候，最适宜读诗。此时你的生活只看到白色的瓷碗，不必想那柴米油盐，你猛然记起了汝窑的花色，方觉有点相像，却又哑然失笑。生活的美在此时展现得淋漓尽致。没有染上经纶世务之心，亦开始懂得些感悟伤怀之道。凡是好词，必能令读他的人产生共鸣，所谓流泪眼观流泪眼，断肠人看断肠人，百年后的今天，在某张书桌前，你仍为百年前某个凭栏远望的人感动、遗憾。循着他的生命轨迹，你看到另一个精彩的世界。那世界是已经逝去了的，但分明又在眼前，在一样的生命轨迹上绽放着另一种绚烂。而词，意内言外，寄兴深微，给读它的人留下太多余味与空间。你大可任想象如野马般驰骋，不时伸出手去，触一触断云微雨。

想起书中的诗，首首皆是名篇，你可能并不觉得新鲜，只感到朗朗上口；再读一遍，诗人形象、感情便呼之欲出。背诵亦非难事，早上同大家一起读读也便能记得下来。可我想告诉你，不妨深入看看。我们总说“知人论世”，这应该是读诗读词最先去做的。若非东风相违，世情薄薄，“当年万里觅封侯”的陆放翁何以长吁“错，错，错”，八十岁的他流连卧榻，依旧忘不了沈家园里的惊鸿照影。“也信美人终作土，不堪幽梦太匆匆”，陆、唐二人未能相依，却生死牵念，执着一生。不对诗人写作时的境遇作了解，很难体会短短一阕词的背后深切而真挚的感情。能同古人一起感动，又是件多难得的事情。

然而王国维先生曾说：“剑南有气而乏韵。”对于别人的论断，我们应该持自由而独立的态度，有自己的判断。他又道：“其堪与北宋人颉颃者，唯一幼安可耳。”《人间词话》中，这位“一事能狂便少年”的王静安先生对辛弃疾颇为赞赏。作为词人，辛弃疾一生经历甚是独特，他戎马倥偬，见识了塞外边关的生死壮阔，也曾创设飞虎营抗金救国。因此辛词中融进了一种骨子里的壮美，诗人一生的豪情与英雄气概在不同时期都浸润着他的作品。生活经历是多么可贵啊！苦难也好，乐事也罢，当我们一一感受过，痛定思痛或者乐至难忘后，那都是人生的珍珠。而再融进笔端流淌而下，便是何等的易事。辛弃疾不同常人的经历是他人生的珍宝，然而除此外在条件，于他内心，亦有着一种与生俱来的豪迈和冲力。叶嘉莹教授曾说，外在环境的力量与他内心所凝聚的冲力“相互消长，遂在辛词中表现出了一种盘旋激荡的姿态”，我深以为然。他写战场，使人如临其境，却又豪兴遄飞；他叙儿女之情，又悱恻凄苦，刚烈不屈。“千金纵买相如赋，脉脉此情谁诉！”他亦狂妄，一句“我见青山多妩媚，料青山见我应如是”，勾勒出最真性情的辛稼轩。静安先生称他“非有意而为之”，正是对他这种“真”的赞赏。我们读诗，要手握前人的圈点批判，听一听大方之家的说法，给自己的认识之道撑一盏明灯，同时要能够自己体会，自己判断。

我以为诗词中的境界或大或小，是由于诗人经历不同，因此，不能分高下。那什么可以作为评判标准呢？“真”“深”二字足以当之。一颗真的心，才会留下最令人感动的痕迹。“执手相看泪眼，竟无语凝噎。念去去、千里烟波，暮霭沉沉楚天阔！”他是纵溺浅斟低唱的白衣相士也好，他是流连庭院闺阁的词人也罢，他一生际遇从未期许他写得出“应将性命逐轻车”的悲壮，几百年的人们却依旧为这“杨柳岸晓风残月”而深深感动。暮秋将别，小舟临发，战争人事寥乱，从此咫尺天涯。几个动作，两对叠词，柳七将这深情写得淋漓尽致，无限离别意尽在唇齿之间。我无数遍诵读，“念去去、千里烟波，暮霭沉沉楚天阔。”临别时那青色的天空出现在眼前，亭外兰舟将发，杯中未完的酒只能一饮而尽。我纵然崇敬那大漠孤烟的波澜壮阔，但我更爱这份“手提肝胆验阴晴”的“真”。

谈及境界之“真”，不得不提李后主。叔本华说：“抒情诗，少年之作也。叙事诗及戏曲，壮年之作也。”李煜的一生，久在深宫却未沾染哀怨之气，好像一直都是最令人歆羡的少年时代，如明月照积雪一般澄澈。王国维先生在《人间词话》中提到李煜“不失赤子之心”，又谓其“阅世愈浅”“性情愈真”，是极有见地的评语。陶渊明亦真，然他的真是在误入尘网之后的反省与持守，相较而言，李煜的真更为简单直率。亡国之前，他是醉拍阑干的南唐后主，而后做了政治傀儡，他的作品将亡国之痛作底色，弦外之音愈加深闳。他虽阅世浅，却眼界大；虽“不失赤子之心”，却能表现为“感慨深”。除去亡国之痛、黍离之悲，也是他自身的性情所至。正如叶嘉莹所道，李煜“对人世的体认，是以其纯真强锐的感受，直透事物的核心”。他以赤子之心，尝尽人间千万痛苦，又毫无伪装地将这痛苦表达出来。“春花秋月何时了，往事知多少。”再读这熟悉的一句，他诘问花月，回顾往事，将自然之永恒与世事之无常共举，动魄惊心。他的快乐是全心的，他的痛苦亦是全心的。而他以一人所感写出天下人之共感，其真处，何尝不深切？

“以其所见者真，所知者深也。”真与深是不可分割的。“许多烦恼，只为当时，一晌留情”，真而不深；但若是大家之深，则必真矣。“竹杖芒鞋轻胜马，谁怕。一蓑烟雨任平生。”历代词家，我最喜欢的是苏东坡。他仕途不顺，但无碍青史留名；他的思想里并掺着儒与道，但当为百姓做事，修水坝、阻新法时，他的入世精神堪为表率。明月下他醉卧赤壁，怀念着曹孟德“横槊赋诗”的雄姿；王安石新法当道，他一腔热血却无处报国。东坡的旷达如高山流水、明月初升，超脱名利，寻求自己的理想。“林断山明竹隐墙，乱蝉衰草小池塘。”这景象若是一般的失意人看了，必是一番感怀。可东坡长吟道：“殷勤半日三更雨，换得浮生一日凉。”好一个“浮生一日凉”！几百年里多少人臣拜于他的旷达超然，却又为他的真性情而感动至深。痛苦一向是无法躲避的，但是如何面对从而拥有怎样的生活，却完全掌控在自己的手中。苏轼一生，阅世甚深，却不收敛真情，情之所至，处处是清流横素波，不知流入何处了。但遥想清流所之，必定深远。“人生到处知何似，应似飞鸿踏雪泥。泥上偶然留指爪，鸿飞那复计东西。”是啊，真正的东坡，此时正不知在哪里翱翔呢。

读罢前人诗词，总会不自觉地为他们影响，跟着一起忧伤一起遥望。年轻啊，是最绚烂的时光。在这里，有好诗相伴，风轻云淡，煮酒烧红叶，临清流赋诗。做一个真的人，一个无论如何都保留赤子之心的人。历史的风猎猎作响，吹得乱石惊空，吹来阳春三月，吹动了翠湖的水。有一个声音在说：去吧，做一个真的人，不管未来怎样，坚持住自己，做一个真的人。

我的伪摇滚时光

张卓

最近开始疯狂地听摇滚，其实是因为开始疯狂地喜欢郑钧。我觉得也只有这一点疯狂的喜爱称得上有一点点摇滚的色彩吧。

之前我和许多人一样觉得吵吵闹闹、声嘶力竭、音量大得要把耳朵震聋才称得上摇滚。直到最近我才发现，哦，原来不是。

作为一个将来在闲下来的时候也许会码字的人来说，我要保持文艺感觉，有时候要给自己来点小清新。而这些东西，我很意外竟在摇滚中找到。你惊讶吗？我，很惊讶。而这里的摇滚好像已经与重金属无关。我也分不清 U2 和剪刀小姐妹有什么本质上的区别，但近来狂轰滥炸地播放、单曲循环 20 遍地听，我弱弱地发现原来 Bob Dylan 和郑钧是一样的。

哪里一样？灵魂！是不是看见这两个字就不再看下去了？我不怪你，但朋友，我们要相信，灵魂是有的。而摇滚的灵魂是什么？我想，是真爱和自由。

多少被认为是疯子、愤青的年轻人，抱着吉他呐喊的时候，我们嫌他们太吵，却不知道是我们心中太吵，心不静，庞杂不堪；不知道是这个时代太大、太快、太匆匆。我们错过的不是别的什么，不仅仅是几首好歌，几个好青年，而是一颗颗赤裸裸的心，用生命与青春练就的摇滚的灵魂：真爱和自由。

我其实没有理由这么肯定，我完全可以大言不惭地承认我是伪摇滚迷：

我连一张他们正经的唱片都没来得及买，就在这里敲下这些字。但我用我自己特别的方式来表达我的关注与欣喜。我把一首首歌词抄在本子上，和那些我读了无数遍的诗抄在一起，和那些让我生命有所改变的书摘抄在一起，和我值得用生命铭记的箴言抄在一起。为什么？因为我知道它们都触到了我的灵魂。

小的时候学音乐，那时还幻想着能学作曲、写词。但后来发现好像老师教过后除了让我又复习一遍乐理知识外，反而让我彻底抹平了对作词作曲的星点希望。而从此我便养成了一个怪癖，听歌一定要把歌词找出来细细地看，有的还要抄下来。这样我就又从心底里排斥那些只有卿卿我我和腻腻歪歪的流行歌曲，那让我觉得：哦，原来这个世界上好像只有爱情。这是个不容争辩的当代歌坛事实，也是一个让无数老派音乐人痛心的事实。我想这也是为什么如今兴起怀旧风的原因，因为回头看看吧，我们父辈的青春有怎样的音乐陪伴。

他们听小虎队，他们听 Beyond，他们听四大天王，他们听滚石、黑豹，崔健、郑钧，那是青春的代名词，与爱情无关。当然每个人人生都一定有爱情的陪伴，但那绝不是全部，要知道如果人生只能用男友、女友、前男友、前女友来概括，那么好吧，我们就不需要把我们的感激和情感带给把我们带到世界的爸爸妈妈、陪我们走过大部分时光的朋友，以及与我们同处一个地球的世界人。但我们真的不用吗？

那我们来听听吧，听听《Knocking On Heaven's Door》，听听《妈妈留给我一首歌》，听听《光辉岁月》，听听《New Divide》，听听《长安长安》，听听《北京北京》。听听我们的，真正来自我们心底的声音。这也是我从摇滚里听到的东西，拨开表面的嘶吼与歌唱，用自己沉静的心去静静找寻音乐背后的东西，试着找找摇滚的灵魂，试着拥抱被这个世界，被时间、金钱、权势、利益包裹的真爱与自由。

这也是我听摇滚的原因，因为安静是为声音准备的，声音之下才有安静。我在这声音之中悄悄地隐没，找寻属于心灵与灵魂的我的时光。啊，我的伪摇滚时光。

前几天妈妈语重心长地说，以后啊，见到抱着吉他，留着长发，唱着摇滚的男孩就会失去判断力。我微微笑笑，嘲笑妈妈还不懂我要的是什么，不是那个抱着吉他，留着长发，唱着摇滚的男孩，而是真正拥有摇滚灵魂的真爱和自由。

附：

《苍天在上》

（词/曲：郑钧）

乱发飞舞
腊月的寒风
野鸽子掠过青空
可怜我此生
命中已注定
不能与你同行
没有理由
没有理由
只有借口
只有借口
就剩下苍天在上
就剩下苍天在上
他竟是如此无常
他竟也如此无常

站在先人古老的原上

我哭着把你祭奠
这里断送了多少的梦想
如今都化成飞烟
没有理由
没有理由
只有借口
只有借口
就剩下苍天在上
就剩下苍天在上
他竟是如此无常
他竟也如此无常

当一场大雪悄然落下
所有的爱恨就此融化
是谁给我缠上了玉锁
世世都不得解脱
是谁给你套上了金甲
生生都陷于水火
没有理由
没有理由
只有借口
只有借口
就剩下苍天在上
就剩下苍天在上
他竟是如此无常
他竟也如此无常

合欢·我的北京

李笑涵

芽

尽管是在北京长大的，但我以前对北京的了解却很少。

小学的时候我觉得我们新华社的院子是世界上最美好的地方了。院里有假山、有池塘、有食堂、有小卖部、有秋千，最重要的是有好多一起玩的小朋友。每天我们都一起玩，有的时候会聚在健身器材那里，排队荡秋千、滑滑梯。好多小朋友都喜欢倒上滑梯，但我从来不那么做，不是害怕，而是老师说那样是不对的。有的时候我们会到池塘里蹚水，夏天池塘里荷花开的时候，我们总喜欢偷偷采几个莲蓬——它长得像个碗，有许多小孔，里面装着莲子，有点苦，但很好吃。后来家长们说那个池塘特别脏，小狗都往里尿尿，之后我就再也不去了。

有的时候我们会在院子里骑车，穿越楼后面的一条漆黑的走道，我们总是幻想那里有鬼，所以总是以最快的速度向前冲，这被认为是“勇敢者的游戏”。有的时候我们在空旷的院子里疯跑，那时候没有什么车打扰我们的游戏。有的时候会在“秘密花园”里——另一个我们认为可怕的地方——聊聊天，因为那是一片漆黑的树林。有一次我们看见一个男人坐在那里，我们害怕，觉得他是坏人，就赶紧跑，还告诉了院里的武警叔叔。有的时候我们会去食堂一起约会，那时候食堂还是个多功能厅，不提供饭菜的时候经常举行一些活动，我在里面学过拉丁舞和模特表演。有的时候我们会在放学的路上买一串冰糖葫芦，我最喜欢吃黑色小果子的那种，虽然直到现在我也不知道那黑色小果叫什么。

合欢花开的时候我们喜欢收集那些粉粉的落花，香香的，是我们女孩子喜欢的味道。

这么一玩就是十几年，直到我们上了初中。沉重的课业负担让我们再也没有时间下楼玩了。在楼下追跑的是另一群孩子，可是再也没以前那么大的地方供他们玩。原本空旷的地方变成了停车场。我们的“秘密花园”里也修了路灯和两架秋千，还铺上了石子路，晚上经常有爷爷奶奶去那里散步，再也不是我们“神秘”的花园了。池塘也没有了水，只剩假山还屹立着。院里建了新的食堂，外表是玻璃的，看起来特别漂亮，却缺少了小时候的感觉。最喜欢的冰糖葫芦也变了味道。

唯一不变的是那一棵棵合欢。

叶

小时候觉得最神圣的地方是天安门广场，最经常去的公园是宣武公园和西便门公园。记得第一次登上天安门城楼的时候我还唱着那首“摸摸红灯笼,拍拍红柱子”的儿歌。记得去毛主席纪念堂的时候看到有好多人排队，心里想着“我要见到伟大的毛主席啦！”记得第一次参观人民大会堂的时候，期待着自己能在这里独舞，没过几年，小学的艺术节在这里举行，我实现了自己的梦想。记得小时候爬景山总是气喘吁吁的；记得每次去宣武公园都要钓金鱼，还有跳蹦蹦床，小的时候蹦小的床，大了蹦大的床。记得总跟“青梅竹马”一起去西便门公园骑车，在那里的草坪上滚来滚去。

那时候不觉得北京大，因为我的北京只有家、学校、天安门，甚至觉得西便门就是北京的边界了。

哦，对，那时我们北京的市花是合欢。

花

后来我才发现，我认识的北京不算真正的北京。

知道了北京的小吃不仅仅是幼儿园阿姨做的、我每次能吃两三碗的炸酱面，知道了好玩的地方不仅仅是自家的院子，于是我开始了新的探索。

我到了王府井，感叹北京的繁华；我去了后海，感受北京的古风；我逛了北海的庙会，体会北京的热闹；我去了 798，体验北京的艺术；我登了长城，感慨北京的壮美；我游了故宫，发现北京的历史……

原来这才是北京。“我的北京”与之相比太微不足道了。

原来北京的市花是月季，不是合欢；北京的市树是国槐，不是合欢树。

但是那街道两旁林立的高楼大厦，那环路的拥堵，那匆忙的人群，这都不是我的北京。

我的北京，是开满合欢的北京，开满“脉脉抽丹，纤纤铺翠，风韵由天定”的合欢的北京。

我在美丽的北京

李怡辰

有时候我在想，如果要画一幅北京的风情画，我的笔触应该怎样描绘？也许我会画上辽阔的天空，朵朵白云；也许我会勾勒出富丽堂皇的紫禁城，笔直的街道，还有窄窄的胡同和规整的四合院；也许我会添上一棵柳树，柳叶随风飘动，阳光从那缝隙中若隐若现地透出，再画几个小孩在跳皮筋，几位老大爷，手里提着蓝布遮住的笼子，里面传出几声画眉的啼叫；也许……纵使我的绘画水平再高，这纸也绝是容不下了。这每一笔都画不全北京，却每一笔都是北京。

小时候，“北京”对于我来说只是一个名词。我知道自己出生在这里，爸爸妈妈和小伙伴都在这里，我的家在这里。清楚地记得明媚的晴天，幼儿园的院子里有着充满京味儿的建筑和许多棵特别高大的柳树，柳絮铺满了地，我和两三个小伙伴留在幼儿园里疯玩，从滑梯上滑下去再走上来，再滑下去再走上来，无数次都毫无腻烦。当时具体说了什么话已然不记得了，但是这幅午后滑梯的图景却烙印在我的脑海里。依然记得的还有当时的感觉：在这个城市，这个幼儿园，此时此刻，我幸福得要飞起来了。虽然我并不知道这个城市对于我意味着什么，但是心中一个念头从未改变：这里是我的家。

长大后，“北京”不再是一个模糊的概念。我渐渐知道，北京是全国的首都，是一个万众瞩目的地方。我不会忘记某一个周末我们边走边聊，徜徉在南锣鼓巷中。我渐渐逛遍了故宫、长城、颐和园、天安门……渐渐知道哪一座桥对着哪一条街道，哪路公交可以到哪个城区……说话的音调里不知不觉地带着些京味儿，喜欢故意早起去吃最新鲜的北京早点。当我们花一下午在一条巷子里走来走去，在公园里静静坐着看满眼葱茏和人来人往，幸运的话还能看到人力三轮和马车，左手是热闹的胡同，右手是高楼林立的繁华街区，让人已经找不到一个确切的形容词来描述北京的气质，只能感叹一句：这就是北京啊！

现在啊，“北京”是一切回忆的寄托和梦想的起点。“爱国、创新、包容、厚德”四个词用得固然很好，但远不足以形容这里。活了十七年，绝大部分时间都是生活在这里，当每天呼吸北京的空气，踏过北京的街道已经成为一种习惯，对于这里的热爱与不可分割，已经无需用语言表达。每天清晨从家里出发穿过一条条街道来到学校，看着春夏秋冬爬上树梢再缓缓逝去，周而复始；踏着夕阳，坐在公交车窗边望着暮色渐深，吹着凉爽的晚风，你会觉得，北京还是那个北京。纵然我的北京是一个无时无刻不在变化的城市，儿时路过的古老建筑可能早已改建，街道不知被翻修过多少遍，但就算只是提起“北京”二字，回忆还是会像潮水般汹涌而来。带着这份回忆，我们也像日新月异的北京一样奋斗着，一点一点努力攀爬着，希望有一天能实现梦想。我想无论我们将会走向哪里，“北京”这两个字的意义是永远无可取代的。

我在美丽的北京，这里有鸟语花香，也有先锋与时尚；有着摩肩接踵的繁忙人流，也有着僻静清幽的小角落；有着悠闲惬意的慢节奏，也有飞速发展的快节奏。北京，有着并不总是湛蓝却无比辽阔的天空，有着并不那么清新甚至带着点污染却有着自己独特气息的空气。无论你喜欢与否，这里就是北京，我的美丽的北京。

我熟悉的北京

刘韫嘉

我从小生长在北京老城，可是要讲讲我的北京，却实在难。

像那些常年漂泊在外的游子一样，当我身处异乡，怀念起的大多不是人尽皆知的故宫、天坛、颐和园，而是北京的夜风，北京的味道，甚至仅仅是一碗地道的炸酱面。

北京的风里很有一番独特的意味。倘若太靠近海洋，譬如青岛，傍晚起了风，风里就夹杂着苦涩的海水，一束束投射到人脸上，即便是阳春三月也免不了平添几分凉意。但要深居内陆，好比西安，风是当真难得（至少在夏天），通常也实在起不到多大作用。

我以为北京的海陆位置称得上得天独厚，是以北京的风里虽闻不到海的咸味，但也是一年四季常有的。这其中我独偏爱夜风。

关于夜风，实际上我并没有过半夜走到屋外亲自吹一吹的体验，只是偶尔从梦中醒来感觉到空气涌动的那一瞬间脑海里所形成的最简单而最真实的概念。

北京的夏天是燥热的，如果碰上白天没下雨，前半夜躺在床上必然是边扇着芭蕉叶似的扇子边昏昏沉沉地睡去。到了后半夜则完全不同。窗外杨树婆娑的叶子借着月光在泛黄的壁纸上舞蹈，舞得起劲了，就能感觉到一阵清凉的风吹过脸颊，那“舒服劲儿”真是比所谓避暑胜地有过之而无不及。当然，要是能碰上一场夜雨，那风和着泥土的清香潜进屋子里，大概就是我一夜最美的梦境了。

夏夜的风送人入梦，秋天的夜则硬得让人从梦中惊醒。我敢打包票，要是秋风钻了窗户的空偷偷溜进你的屋子，绝对会把寒意送进每寸皮肤，让你只想裹紧被子一觉睡到大天亮。

冬天和春天的北京实在太冷，所以我也从不敢敞开门窗迎接夜风。不过我想有机会还是要试一试的，毕竟那是我的北京里不可缺少的一个环节。

再说说北京的吃食吧。有些人说艾窝窝、驴打滚一类的宫廷甜点并不算北京特色小吃，我多少还是赞同的。一则老北京人从来也很少将那些甜得发腻的食物摆上桌，再则我以为它们并非为北京而生，而是为宫廷而生。若是顺治皇帝不曾移都京城，艾窝窝和驴打滚恐怕就是当今沈阳的特色了。

因此，在我印象里真正属于北京的，怕是只有窝头咸菜、豆汁焦圈这样“上不了台面”的吃食了。不过，虽说难登大雅之堂，北京人还是从中品出了无限韵味，他们把它们叫作“硬货”，一切生命活动赖以展开的“硬货”。我自诩接受过不少舶来文化，也早就惯于面包牛奶解决早餐，但是往往在出国数日，满肚子是“半生不熟”的牛排时，还是最想来一碗小米粥，一碗炸酱面。汪曾祺先生说得没错，北京人对生活的物质要求不高，也正是这种近乎于安贫乐道的处事风格，让他们（或者说我们）对任何事都抱着“得之我幸，不得我命”的态度，当然也包括所谓的珍馐美馔。

最后要提到的是北京的味道。之所以拖到这时还迟迟不肯动笔，是因为实在没有合适的形容词去表达我对这种味道的情感和这种味道给我的感受。说那是种泥土的清香吧，好像并不完全；而要说是高档商业街散发出的名牌香水味，就更是南辕北辙。我闻到的北京的味道，不属于某一种具体的事物，但却从四面八方扑鼻而来。特别是当褪去都市的繁华，转个弯走进北京最老最老的城区时，那种饱含着生活气息的诗意的气味，能够瞬时抚平你狂躁的心。北京的雅里，俗是很重要的组成部分，但这俗并不是低俗，而是家长里短的生活，是能让你只要一沾染就有意停下不羁的脚步安家立业的神奇力量。

北京是万万不适宜在摩天大楼的顶端向下俯瞰的，一看便看遍了这城市所有的秘密。那些埋藏在胡同深处的往事，街街巷巷的婉转迂回，那些飞檐、廊桥，本应在身处其中时才能细细品味个中滋味的。

为什么北京有雄伟的长城，却也少不得“小家碧玉”似的胡同、四合院？那是因为一个真正令人难忘的城市是有血有肉的，对北京来说，长城是她的筋骨，胡同是她的灵魂，而四合院，是使她珠圆玉润的血肉。虽然这美人近些年消瘦不少，但所幸筋骨尚在，魂灵犹存，作为百年帝都的磅礴与优雅，仍然吸引着无数人心向往之。只不过关于未来的种种不可知，总让我感到些莫名的悲哀。

说到这里我也自知并未讲出我所感受的万万分之一，那就不再赘言了吧。我的北京是这样宁静美好，而你的故乡却又有所不同。古老的北京城被一代代人评述着、改变着，唯一不变的是她坚实的存在。

大院故事

张希琛

我是地地道道的老北京人。

据说，我爷爷的家族是我的四位长辈中扎根在北京最短的，但是也有二百多年了。到我爸爸这一代，已经在东花枝胡同有了一个不算大但是很舒心的院子。因缘巧合，爸妈的结合，让我落在了这个城墙外、小河边的小小胡同，和陪伴我童年的大院。

小时候记不住大院所在的那条胡同的名字，只知道抱怨，我的胡同、我的院子，好像是远离尘世一样，隔离开北京的喧闹，都到了护城河的边儿上去了！可是等我能记住它并且会记住它一辈子的时候，它却已经被北京飞速的发展淹没得不剩痕迹。

很小的时候，爷爷说："上天入地寻遍北京，也找不到比咱们东花枝胡同更上道的住处了。"只不过，彼时的我还不知道"上道"这个词真正的含义。胡同对于我，只是小时候的一条深深的青砖小巷，和右手第三个大门，也就是我家所在的大院。现在回想起来，在当时，有一个属于自己家的大院是何等的荣光，只不过天真的时候，这些概念都模糊得不成样子罢了。

我家的大院是围着一棵上百年的枣树建起来的。一代代果实结下来，每年九月份产枣的时候，院中人就有机会尝到味道非常正的大枣。入秋，幼儿园放学之后，我和奶奶等着大人们回来，就会在院子里举着那根不知道比我高多少倍的竹竿，仰着小脑袋打枣吃。这大概是童年我印象最深的一个画面了。因为胳膊举不动竹竿，就把它的一端杵在地上，转着剩下的部分去寻找我的目标。打中之后，枣就噼里啪啦地往下掉，砸中了脑袋也傻呵呵地乐着去捡。

枣树在九月份是我的最爱，可是到了夏天就让我恨得牙痒。大概是5岁的时候，夏天，我在枣树的荫凉下坐着小马扎低头画画，有段时间觉得脖子上怪怪的……后来才知道，是一种叫“杨砬子”的虫子钻进了脖子，晚上疼得不知道怎么办才好。听妈妈后来说，我那时候简直要把一辈子的眼泪都流干净了。奶奶看不下去，说老北京人的处理方法是用胶带把虫子的毒毛粘出来……我一副任人摆布的样子，就这么被胶带一直粘一直粘，后来居然就真的把那只虫子的毒毛弄出来了。现在想来，其实老北京的土方也是很管用的。从那以后，夏天的我总是严严实实地裹着自己裸露的皮肤，然后继续坐在枣树下看书玩耍。现在想来，那时候即便是被那样狠狠地折磨了一次，我仍然不忍心离开我的枣树。

大院的大门是非常古老厚实的木质门，后来我查了一些资料，据说是如意门的规格，老北京民居比较常见的院门。我家的大院唯一的缺陷大概就是没有影壁了。但是古老的铜制门环还在院门上拴着，一对圆形的门墩儿也在门口好好地放着。奶奶总是习惯在家里的门墩儿上坐着，夕阳西下的时候等着放学的、下班的家人回家。久之，门墩儿上就有了浅浅的白印。后来，很多人都说，那对门墩儿是无价之宝。在我看来，门墩儿上那道浅浅的印子，才是弥足珍贵。

大院的北屋是上好的地界，于是家里人给了爷爷奶奶和二伯一家住。一家人的聚会也大多都在北屋，圆桌一搭，即便没什么好酒好菜，也是一顿家宴。西厢房给了姑姑住。姑姑一家后来搬出去了，喜欢人气儿的爷爷奶奶把屋子租给了另外一个三口之家，西屋于是成为小时候对我比较陌生的一排房子。东屋是我们一家和大伯家住的地方，两间屋子的房顶被爷爷架上了养鸽子的笼子，所以我每天就会在太阳落山的时候，站在枣树下面看着鸽子们回笼。北屋的东面是个小小的浴室。小时候没有热水器，家里人就在浴室上面架了一个特别大的横放的铁桶，白天太阳把里面的水晒热，在太阳下山之前一定要洗完澡，否则水会变凉。这么多年我还一直存着一个疑问，水到底是怎么通上去的呢……

老北京人都说，一进院门的西侧、面对北屋的那一排是位置不太好的，所以我们家在那片地方搭了一个棚子，用来存杂物。后来西屋搬进了另外一家人，棚子又兼有了我们两家人冬天储煤的功能。西屋的蜂窝煤老是比我家的多，所以我总是在大院里恨恨地看着堆成山的蜂窝煤，然后趁人不注意，把西屋的那堆挪一两块到我们家这边来，然后独自窃笑……现在想来，当真是恶趣味了些。

小时候，爸爸就总是在日本，很少回家，妈妈也是忙工作，所以我就成了北屋的常客。奶奶做的菜团子，爷爷炸的排叉儿，是我小时候最喜欢吃的美味。我家里还有祖上传下来的不成文的习惯，比如排叉儿和面的时候要用金黄柿子汁代替水，那样和出的面团得更紧；比如喝面茶一定要用勺子，这点与老北京人的吃法背道而驰，我猜是因为那么高技术的吃法，从祖上就不适合我们闲适而不爱琢磨的一家子……

小时候，对幼儿园有莫名的恐惧，奶奶有时候看不惯我皱成一团的脸，就在送我去幼儿园的路上绕个圈子，等我妈上班去之后，再回家来。逃课在家的日子异常开心，有时候奶奶会带我去北海公园或者各种北京深处的小寺庙去烧香，中午请我吃艾窝窝。如此反复，最后还是落得了被妈妈发现的下场，于是终于悲惨地回到了幼儿园。

这么多年来，奶奶一直坚持让家里人睡荞麦壳的枕头。到了每年九月新一批的荞麦壳下来的时候，奶奶就难得地蹬着她的三轮车，去市场上买成袋的荞麦壳，拉回来，拉着我在果实还不那么饱满的枣树下，给家里人一个个换上新的枕头芯。可能是由于枣树的“杨砬子”事件吓得我对虫子有永远的恐惧，看到一颗颗黑色小粒，好像会蠕动一样，我就浑身难受。于是换枕头芯的工作总是在奶奶的专心致志和我的四处逃窜打枣取乐中混乱地进行着……

奶奶的黑白照片挂上北屋雪白的墙面时，我们终于得到了即将拆迁的通知。搬家的时候，西屋的一家之主，那个瘦高黝黑的叔叔，平时一副北京膀儿爷的凶悍劲儿，居然也红着眼眶来跟我们逐一告别。我记得我哭得很伤心，可能是由于挪用过他家的蜂窝煤的愧疚，可能是由于再也见不到西屋小姐姐的难过……

小时候，对于拆迁是完全不理解的，只知道我们是换个房子。那时的我刚刚上小学。我们收拾院子，打包物件，拆了储物的棚子，清理了成堆的蜂窝煤——那个时候，“西屋或者我们家的煤”的概念好像也不那么深了。参天的枣树依旧安静地蓄积力量，几百年始终不变地苍翠着，静静地看着即将离开的院中人。粗壮的枝干边竖放着跟树身差不多高的打枣竿子，一切如故。大伯二伯各自买了房子，大伯带着爷爷心爱的鸽子们离开了，只剩了空荡的鸽舍。奶奶的照片、院口的门墩儿、木门上的门环，都被逐一取下、带走，安静地放在我新家的角落。我很感激我的父母，让胡同、大院能留给我的回忆，尽可能地保存住了。

爷爷跟爸妈、我，搬进了我家新买的房子。奶奶的照片被放在我家，门墩儿和门环一同被爷爷固执地收在床下。到他安静地在家里去世，都背靠着曾经大院的魂魄。爷爷操劳了一生，他勤劳、厚道，他确实是有二百年的古都家底的老北京人。

写了这样多，我尽量回忆我在大院的每一个细节。到最后，才惊觉，不论我怎么样对着那对铜门环、那对老门墩儿端详，我的大院，都已经成为了故事。

过去的，终究是回不来。

物质生活如此优越的今天，已经不再有什么可以让像我一家这样的老北京人害怕。

怕的不过是，人聚了，又散了。

还好，有大院里的故事，尽管过去了，但是不会褪色。

我怀念，怀念青砖碧瓦的东花枝胡同。往里走能看到右手第三个院门，门口有浅印斑驳的一对门墩儿，像是有谁每天都坐在上面；褪漆的铜制门环一下下地敲打厚实的木门；迈过门槛，入眼是一棵参天的枣树，东屋顶的鸽子们刚出窝；浴室的大铁桶晒着太阳，充足的阳光能晒好一整院人的洗澡水；北屋的门还开着，里面传来中央人民广播电台的报时声……

我怀念，怀念我的大院故事。

爱上北京

——那年，那个车站

房文雨

我不是北京人，到我写下这段文字为止，我只花了大概占我生命1/9的时间来感受这座城市，随着现在一点一滴时光的流逝，这个数字在不断增长。也许对我来说，我的北京，是那个车站。在那里，我开始爱上北京……

记得小时候，每年过年我都会跟爸爸妈妈一起坐火车从山东来北京看望姥姥姥爷。那时候总认为，是这个神奇的火车站把我带到了北京，所以每次从出站口走出来，都会忍不住多看两眼这个在我眼中闪着异样光芒的地方。

不知是巧合还是怎的，那时候每次来北京都是夜晚。

夜晚的北京站总是透着些许神秘，黄黄的、暖暖的灯光打在这个高大的建筑上，把这里映衬得宏伟辉煌。夜幕虽已降临，但大大的广场上依旧满是忙碌的人群。他们当中，也许有的是带着故事与回忆离开，有的是带着梦想和希望到来。广场虽大，却因为往来的人流显得略为拥挤。北京站的大钟好像是我见过的最大的钟了吧，两个大钟对称地立在"北京站"这三个大字的两侧，头上还各顶着一个传统建筑屋檐式的帽子，它总是滴答滴答地响着，仿佛记录着人们在北京留下的故事。

对于那时的我来说，我脚下站的地方就是通往北京的火车可以停靠的地方，从那里我可以到北京……

从北京站出来后，我总会静静地趴在车窗边，看着北京的夜景：明亮的街灯，高大的建筑，还有那条宽阔马路上的“彩虹桥”……一切都显得那么耀眼。也许那时候我不会想到，有一天，我会在这个城市生活，我会在这个城市为梦想努力，更不会想到我会爱上这个并不是我的家乡的城市……

2010年的一个春日，天空是属于春天的那种湛蓝透明，有暖暖的味道。阳光下，我紧紧地攥着车票，那一刻，真的好希望把家乡的一切都抓在手里，记在心里。这一次，没有父母的陪伴，我独自一人踏上那列通往北京的火车……

那天的我再一次拖着旅行箱站在北京站的广场上，只是，这一次不再是旅行。依旧是北京站，依旧是夜晚，依旧是耀眼的灯光打在北京站的建筑上，依旧有忙碌的人群和钟声嘀嗒，而它们却有了不一样的意义。这是我以北京人的身份，看到的第一抹色彩，听到的第一声钟声，第一次真正感受到北京的心跳。

我站在广场上，看着人来人往，他们有的是从北京离开，有的是奔向北京。离开时能留下什么？来时又会带来什么？那一刻我突然明白，当列车把我送来时，我不再是一个来北京探亲的小丫头了，旅行箱里装满的是祝福，是希望，还有我的梦想。我脚下的土地应该是我的北京，是我梦想起航的地方。即使会有伤痛，也完全值得。

又一次坐在车里看北京的夜景，但这一次，我是用心地观察着我即将生活的城市的大街小巷。那晚，我第一次知道了那条很长很宽的街叫长安街，还有那座“彩虹桥”，就像是小时候蜡笔画出来的梦想一样，永远闪着绚丽的光芒。

那一次的北京站，留下了我带着梦想来到北京的脚印；那一次的“彩虹桥”，不再只有霓虹的光影，而是多了一抹为梦想在北京扎根奋斗的色彩。

那次以后，我开始在北京为中考奋斗，然后来到二附学习。现在的我可以习惯北京的生活，喜欢在后海边享受悠闲，喜欢在胡同里啃着冰糖葫芦转悠，也喜欢去老城中心领略帝都的古韵。现在想来，北京站就好像是一扇大门，那一年，我推开了那扇门，试着去品尝和体味北京。我不会忘记那年、那个车站，因为我的北京在那里开始，从那里，我开始爱上这座城……

那年，那张车票上，“北京”是终点站，却又是一个新的起点。在北京站，我结束了从家乡到北京的跋涉，开始了在北京的新旅程……

我后来也去过好多地方，也见过好多火车站，可是都不会再有心动的感觉，因为嘀嗒的钟声、拥挤的广场和“北京站”只属于北京，那个“北京站”是我的北京……

“爸，有时间的话，我们去北京站吧……”

“怎么想起来去北京站了？又不出去玩儿，去那儿干吗？……”

“我就想去看看……”

就只是去看看，去看看那个开始的地方，去看看那个让我爱上北京的地方……

北爱

张楚仪

2009年10月4日，我离开哈尔滨，来到北京，我的北京便是从这里开始的。我在哈尔滨长大，所以对老北京胡同大杂院的市井文化并不了解。但是，我也有我的北京。

我的北京是和我的梦想连在一起的。

大概在上初一那年的冬天，我在家里的窗台上看雪，雪下得特别大。鹅毛般的大雪，在地上堆了厚厚一层。望着眼前亮晶晶的雪花从天空旋转着飘落下来，我不由得回想起很小的时候妈妈教给我的一首童谣："大雪哗哗下，北京来电话。要我去当兵，我还没长大。"也不知道那时我在想什么，是研究"大雪怎么哗哗下"还是将来会不会当兵的问题。"大雪哗哗下，北京来电话……"失神的我，在窗边竟然站了一个多小时。那时的我，大概做梦也想不到有一天会到北京念高中吧。那个昨昔只代表首都的名字，今日却已与我结下一段缘。

在来北京的航班上，我心潮难平。犹记得听说飞机到了北京的时候，透过机窗向下望去，底下会由一片漆黑忽而变得灯火阑珊。不用说，这便是北京，便是我即将生活的土地，便是我心驰神往的未来！我直立地趴在机窗上，一时兴奋却又语塞。良久，仅想出五个字——北京，我来了！飞机降落的短短几分钟，不知道我对自己念了多少遍。那一刻，我激动得欲落泪，我几乎听到了梦想启程的声响。

我在北京的家很小，以至于第一眼看到都有些难以置信。我家小区四周是红砖砌成的小楼房，中间有个小院子。院子中央有棵三四层楼高的梨树，每年花开的时候，满树洁白。梨树南方有条直通四面的羊肠小道。只是千万不要在晚上走，两边的灌木丛中经常有猫出没。在梨树下方还有个小茶桌，那早已成为孩子们的乐园。院子里总能看见几个老爷爷聚在一起打牌，老奶奶坐在院子门口的花坛上，或拿着蒲苇扇聊天，或指挥来往车辆停入车位，颇有一副指挥官的派头。曾经的我也为没有机会体验四合院的老北京生活而遗憾，如今看来，在这个小院里的生活乐趣，比那也差不了多少吧。

北京对我来说是很小的，或者说我在北京的生活圈子是很小的。中考前每天早出晚归，家里学校两点一线。就连距离我家步行 20 分钟不到的天坛，也是我中考之后才去的。我对北京的印象只有在天还没亮时的上学之路，街边外地人摆的鸡蛋灌饼小摊，还有 686 路车上循环播放的："瘦臀，瘦腰，瘦肚子，碧生源牌肠润茶，不要太瘦哦！"

大概因为五十中的前身是体校吧，所以备战中考的时候每天要跑 2000 多米。晚上背着大书包等公交车，挤上去再挤下来。早晚迎接我的都是黑夜。现在看来，为了梦想，一切都值得。中考那几天格外的热，每天考前我们一家都会在小区的松树下乘凉，蹦跶两下，吸吸所谓的"仙气"再去考场。在这里北京见证了我人生中的第一个转折点。多少年后，再回首往日时光，"北京"已成为我十五六岁的底色，想来也是非常幸福的。

后来，我上了二附，一个从未耳闻过的学校。收到录取通知书那天，在这片土地上，我第一次欣喜若狂。生活就像巧克力，总会给你意想不到的惊喜。二附，学文。一个多么好的平台，让我了解各种融汇激荡的文化，了解脚下这绝美的京城。

我对北京的感情是渐渐的、淡淡的。学校组织社会实践活动，故宫、国家博物馆、潭柘寺……仅仅在这里列举我去过的地方是远远无法表达我对它的敬仰与热爱的。当你静下心来体味故宫三百多年前的繁华时，那震撼人心的宏伟，让人无尽的感慨。当你屏气凝神地欣赏一件件古代珍品时，一种历史的沧桑感与自豪感油然而生。当潭柘寺的梵音震落了心底覆盖已久的尘埃时，你会知道这座厚重的城市永恒的魅力何在。故都，古韵。这样的历史，一点一点浸润我的心田。那时有种感觉，我的青春，我的未来，都会在这片土地上深深扎根，并延续下去。

曾经去过上海，望着街对面灯火阑珊的高级会馆，心里却空空荡荡。上海这座城，品位很高，余味不足。蓦地，才发现自己有多么想念那令人回味无穷的京城，才惊觉原来我与北京，早已紧紧地纠缠在一起。我亲手将我的年华，我的每一滴汗水，我的幸福，我的悲伤一一洒在这片土地上，直到我的生命与这片土地血脉交融，再也分不开。

“大雪哗哗下，北京来电话……”

前些天，我和爸爸经过一座立交桥。挽着爸爸的胳膊，我感叹：“咱们到北京都快两年半了。良久，爸爸才回应道：“是啊，都两年半了。”我可以一一点评我家周边的每一个小饭店，可以细数去过的每一间书屋，但我知道这并不足以证明我对北京的爱。直到身处异地时，我才意识到北京是一个可以称之为家的地方。

终于有一天，我可以以一个哈尔滨人的身份骄傲地写下四个大字：我爱北京。

琐忆·我在美丽的北京

高昂

川端康成先生在致诺贝尔获奖辞时发表了一篇名为《我在美丽的日本》的感言，谈到“春花秋月杜鹃夏，白雪皑皑寒意加”，他的日本是如此真实平淡，但一如老舍的北平，那是一段与心灵相黏合的历史。每人都有自己的家乡，有乡愁绵千里、乡心处处同。我儿时在北京长大，如今我的北京已高楼林立，早已不是旧时典籍里的那个京都。然而这并不妨碍她浸润我的血液，抚慰我的心灵，为我滋养出一处温暖的地方，感受我的豪情，我的喜悦，我的失意和悲伤。

我爱北京，我美丽的北京。

我的姥姥，哦不，用我小时候绕不清的话来说，我的“祆祆”家在西直门内大街上，是一处三间屋的平房，一个小院和厕所、厨房。姥姥姥爷睡在北屋，妈妈和大姨睡在里屋，小姨小姨夫在东屋。这都是我还没出生之前的事儿了。后来姥爷去世，大姨成家，妈妈有了我，我便挤进了里屋。院子里的小厨房很逼仄，我很少去，记得每个中午那里都烟熏火燎的，姥姥系着白围裙进去，边咳嗽边端着一锅香喷喷的肉饼回来。姥姥烙的肉饼和现在的可大不相同。一张大饼里夹着许多肉丁，而我碗里的那块肉饼一定是被肉丁挤得要兜不住了才可以。肉饼蘸醋，再加上姥姥腌的腊八蒜，相比之下甚至连满汉全席都算不得什么。现在回想起来，从厨房笑着出来的姥姥和冒着腾腾热气的肉丁肉饼，仿佛咫尺天涯。

初中的时候，我曾在周记里写过在姥姥家小院里吃的早饭。姥姥和春华姐姐从被窝里喊醒我，睡眼蒙眬的我从屋里走到小院，碧绿的爬墙虎下一张小白桌子已经摆好，上面摆着姥姥买好的油饼、鸡蛋和她做的小咸菜。那时候的油饼油汪汪的，装在一个塑料袋里，和姥姥做的小咸菜一起吃，简直就是美味！我的睡意就顿时消散了。

出了我家小院门，是一条街，街两侧都是住户，出了小街是西直门内大街。小街的最北头是西城区少年儿童图书馆，我叫它电影院。当然了，分清东南西北都是长大后的事。小时候，我就记得一出小院门往左，跑着冲过去，就冲进电影院的自动门了。已经忘了名字的保安叔叔看见我就一定会笑着说，“你姥姥最近好么？又过来玩儿啦？”我和他聊几句，然后直奔图书馆。

电影院在四楼，一楼二楼是图书馆。一楼的图书馆旁边还有儿童游乐园，承载着我堆积木、滑滑梯以及和其他小朋友玩耍、生气、哭闹的纯洁回忆。后来读史铁生的书，他谈及来世梦想的童年应该“享受纯粹的友情、感受到圣洁的忧伤”，便愈觉我的幸运。二楼的图书馆是我在搬走以后才常去的。那里的叔叔阿姨同我熟络，熟络到打招呼后笑笑就可以无忧地待在那里一天了。

说到图书馆，西直门内大街往东去还有新华书店和中国书店。新华书店还没装修，紧挨着麦当劳。而今书店翻新，麦当劳乔迁，唯有横架在马路两侧的老天桥巍巍不动，仿佛有一双手在一丝一丝地把最纯洁的回忆在抽走，风雨无阻、百折不挠地抽走，没人能说句“不”。

就在这如春蚕抽丝的过程里，有人妥协了，于是童年渐渐成为渺远的回忆；可我不！我决不妥协。我就要一次一次地回去，看旧时小院夷为废墟，看我旧时的电影院遍遍翻新、人换了又换，看整整一条街上的邻里温情被替代成回迁户和钉子户的差别，一家之经济、人脉赤裸裸地昭揭示众。我就要写，写我那时关于它的全部的深情。

新华书店曾经的格局，我到现在还记得。长大后，姥姥常常指着我念叨："她小时候，所有保姆都抱着孩子聚在一块儿瞎逛，就我们春华，抱着我们孩子去书店，一待就是半天。"是啊，是啊，院子里好像还有我春华姐姐的倩影，我躲在北屋大叫她一声"小猴子"，姐姐佯装怒气地回一句"高小驴儿"，带着浓浓的山东老家的口音，和一张总是微笑着的算不上白净的脸庞。院子里也还有我那时身体还倍儿好的姥姥，可以给我端一大盆洗澡水的姥姥，小街上有点啥事就去看热闹的姥姥，在夏夜里给我扇扇子、赶蚊子的怕热的姥姥……

我最喜欢夏天的夜晚了。老早我就会催着姥姥给我把躺椅搬到院外。夏天天黑得晚，吃完绿豆粥就着咸菜，姥姥会先让我洗个澡。"今天把头发也洗了。""洗完之后不能再出汗了，你就老老实实地在躺椅上待着吧。""不行，我还想跟童童玩儿呢。"这种强制要求我哪儿能答应呢！在躺椅上待着，我也得待得住呀！再说了，肯定会有小朋友来叫我的。"那就不许跑，别摔着了。"姥姥嘱咐着，"只能到电影院门口。"她又加了一句。"好吧。"我无奈地妥协了。

这时候，各家都陆续搬着躺椅出来了，童童家，李强哥哥家，马俊哥哥家，还有康奶奶家……住在小街对面的男孩是我印象最深的玩伴童童，比我小点儿，白净的小脸儿、沙哑的嗓音，想来现在也该是翩翩少年了。那时候，宠物小精灵风靡中国，我和童童一人有一个塑料箱子，里面分别装着我们的宠物小精灵玩具们。每天他都来叫我，一人拎个箱子，找块儿阴凉地坐下，一个一个往外拿，把它们按着什么金木水火土的顺序互相打斗。唉，具体的情形真是记不起来了，后来都搬走了，我也有了手持 GBA 打游戏，那些小精灵们就送了人。

"姥姥说我今天不能跑，不能捉迷藏了。"我无不惋惜地对他说。"那咱们爬旗杆吧！"童童道。"好！"电影院门口有三根旗杆，旗杆分别立在三块长方体大理石上。我从没见过那旗子升起的过程，只记得曾扒着旗杆踩上大理石转来转去，抬头遥望上面飘扬的国旗。在那块狭小的蓝天，国旗依旧招展。但我记得的还是抱住旗杆向下看去，童童的笑脸，还有某个要和我比赛跑步的小朋友的呼唤。

我夏天的晚上从来没有萤火虫，没有银耳羹，只是星星忽而闪烁，老人们坐在躺椅上，摇摇小扇儿，叙叙家常儿，风抚白发，情动年华。小孩子们互相叫喊着玩儿，有的内敛微笑，有的大叫疯跑，有的刚躺上躺椅就被叫下来去爬旗杆。我不理姥姥的嘱咐，玩捉迷藏出了一身汗……这就是我的夏天，我的夏夜。那时，我多么希望没有"那时"，那一条街都是我的，那一片夜空都是我的。

另一个让我记忆最深的就是家庭聚会。大姨小姨都开车带着弟弟妹妹来姥姥家，往往在前一天晚上就约好了，兴奋得我看电视都咧着嘴笑。"姥姥，明天大姨小姨就来了！"我分享着我的喜悦。"我才不想让他们来呢，又得给他们做饭，怪闹腾的。"坐在电话旁的姥姥蹙着眉头说。现在想来，姥姥一直不是个"好客"的人，但对于女儿，毕竟不一样吧。我那未谋面的姥爷离开后，她守着我过了多少个日子，然而不是青灯古佛的寂苦，而是当每晚我睡去后，大概她半夜咳嗽醒，从窗户里洒落下来的后院的灯光，和每年某个日子里，墙上挂着的那幅黑白照片吧。

第二天一大早，我穿好衣服吃完饭，就会蹦蹦跳跳地穿过小走廊，跑到我家小院门口，向小街远处张望两辆小奥拓。"是大姨先到还是小姨先到呢？"这是我每次必思考的问题。然而往往等了会儿就没耐心了。"姥姥，她们怎么还不来呀！"我埋怨地往回走，冲着院子里大喊。"我刚打电话，家里都没人了。"姥姥安慰我说，"你看会儿电视吧要不。"这时我刚刚打开开关，老旧电视机"哗"一声好似辐射开来似的一响，就听见门口停车的声音，还有说笑声。

"啊，啊，肯定是大姨来了！"我扔下遥控器就疯跑出去，也顾不得小走廊里那么脏，三步并两步地跑到院外，"大姨、大姨夫！耳朵！"弟弟那时还是活泼可爱的小家伙，老爱拿榔头砸椅子，把姥姥气得够呛；要不就跟我拽着扫帚抢着扫地，随后大哭大喊大叫大闹，大人没办法，将我俩分别拖到里屋外屋……而我俩怎肯罢休呢，扯着嗓子大喊大叫。现在想起来，他执拗而我不谦让。我们哭喊着，曾经的泪水正如奔流不息的岁月，无处寻了。泪眼问花花不语，乱红飞过秋千去。我亲爱的弟弟，你和我，在人生的起点，有过怎样绚烂多彩的相遇呀！你今后走向何方，我只能明月千里寄相思，给你一份最真纯的关心与挂念了吧。

故乡，美丽的北京，我点点滴滴的回忆里全是温情……

属于我的北京

方文正

20世纪初，八国联军的隆隆炮火中，我的先祖，担任过吉林、黑龙江将军的前清重臣，保卫安定门失败后悲壮地举家自焚，仅留下襁褓中我的曾祖母一人。从那时起，到现在我作为十六岁的中学生在青灯下敲打着键盘为止，我们家已经在北京度过六代人的时间了。在这百年中，北京曾经见证过我的曾祖父考上燕京大学来到这里时的激情和半个多世纪后我妈妈踏入与我曾祖父同样的大学时的憧憬，见证过我爷爷成为北影制片厂最年轻美术师的光荣和多年后我爸爸同样进入北影成为摄影助理时的兴奋，自然也见证过我十来年的成长——不知不觉中北京这座城市的历史记取了我们所有人的光荣、梦想与笑容。

当然了，相比起先辈们波澜壮阔的人生，我这短短十几年的经历实在微不足道。但是毕竟在这里度过了我出生以来几乎全部的光阴，我也同样有着属于我的北京——虽然在大师笔下令人无比怀念的走街串巷的吆喝声、单纯闲适的胡同生活都已变成了车水马龙的大道和穿梭不息的人流，但她仍然是拥有了我生命中全部回忆的地方。

北京是一个那么大的城市，似乎永远也发掘不完。记得小时候，每周随爸爸妈妈驱车从北城的奶奶家回南城的住宅，三元桥、蓟门桥、西直门桥、复兴门桥、白纸坊桥、菜户营桥……途经的地点实在太多以至于我从没有成功地保持全程清醒，最多只记得复兴门桥两道闪烁的彩虹。一年级时我兴奋地买了一本北京博物馆通票，自然博物馆、首都博物馆乃至宦官博物馆、文天祥祠、李四光第四纪冰川纪念馆等包括得一应俱全，兴奋的我之后每周都去一家，但直到一年过后也只用掉一半。直到很久以后我作为高中生与三两好友蹬着单车完成胡同的研学调查，都还能在路上发现不知多少从没去过的地方……就连北京的人口也是一样的多。还记得多年前的某个周六清晨我刚刚来到颐和园时，看到空无一人的前皇家园林，曾发自肺腑地感叹："以后每周都要来这里！"但仅仅半小时过后面对无数戴着小红帽的旅游团和散乱无章的其他游客，这句感叹就变成了"咱们快点走吧！"

北京这种"大"绝不仅仅意味着地大人多，也同时代表着"大气""博大""恢宏"等等，更意味着她带给居民们生活的极大丰富——在中国只有北京能有颐和园、陶然亭、玉渊潭乃至小小的双秀公园供孩子和大人们游玩；只有北京能够豪迈地发行有近百家博物馆的通票；只有北京还留存着上千条胡同让平凡的中学生也能够研究，才会有西单图书大厦、中关村图书大厦、三联书店让徜徉在其中的人们废寝忘食……所有这些让我这样在北京成长的少年受益无穷。只有北京，才会吸引那么多大家直到垂垂老矣还在怀念着她，他们写出的文章简直可以集结成册发行甚至高达数十万本。

然而翻开这些大家们的文章，却发现他们最怀念的不是北京的大，而是那些最细致入微的地方，秋天的槐树柳影（郁达夫）、母亲时常买来的小炸丸子（梁实秋）和种在屋后的瓜果蔬菜（老舍），仿佛只有这些才能寄托他们的情思。

行笔至此，我想我大概能够理解为什么全中国只有北京人会刻板地在指路时甚至生活中用"东南西北"了，因为现在只要一想到要去哪里，我的脑海中也会迅速浮现出一幅北京的生动地图——包括了某博物馆在哪里、8 号线地铁在哪里可以换乘和 323 路公交车的起点终点站——北京已经用独特的方式把她自己刻在了每个居民的心中，让风尘仆仆中的人们无论在何处都不会忘记。

转眼间已经写下了这么多，“属于我的北京”究竟是个什么样，却仍然连个大致轮廓也没有。我没去过伦敦、巴黎，不好把她们与北京比较，也没有成熟精致的文笔来勾勒自己的回忆，看来终究是无法完成写下我对北京的情感的重任了。不过请相信我，自从 1863 年我的先祖以进士身份来到北京以来，这里就注定是我们家族魂牵梦绕的地方。

北京问

赵鼎轩

问起北京，所有人第一认为它是首都，其次才是古都。若是单纯作为古都，北京人便可以保留一方惬意的“小天地”，将一代代传下的文化再一代代传承下去。但一旦成为首都，北京便由不得自己，成为全中国的北京了。中国的、世界的、时尚的、传统的文化和习俗便会一股脑儿涌进北京。现在的北京，不论从哪方面去看，都是新旧并行，新旧之间难免彷徨，老北京人的心里也幽幽地生出些疑问。

什么是北京人？谁是老北京人？前者只要看户口簿，但若判断一个人是老北京人，则至少要往上追溯三代。我是北京人，却不是老北京人。我爸爸是湖南人，姥爷是东北人——于是妈妈也算不上老北京了。但我姥姥往上可算是正经八百的老北京。姥姥家是镶蓝旗瓜尔佳氏，清朝入关的时候就跟着皇上进了北京。人们常觉得八旗子弟就是整天游手好闲，那是对旗人的误解。我的两位玄祖父，就是姥姥的爷爷和他的哥哥，两兄弟一个是秀才，一个是武举人。我的玄祖，那位秀才，在宫里替皇上誊写奏折。因为各地的上书字迹良莠不齐，遇上字迹凌乱的，皇上说不定一生气就扔出去。所以我的玄祖就要保证经他手递上的奏折都工工整整。这两兄弟在东直门北小街买了一处三进院的大四合院，房间总共三十九间半，还修有花园水榭，家里佣人很多，在当时也算是富贵人家。姥姥就是在这个大宅门里出生，一直住到解放前。而后我的老祖——满族人这样称呼曾祖父，带着一家先搬到恭王府附近的大院胡同，最后在平安里的育德胡同56号安家。那是个有东西跨院的小四合院，妈妈一代的故事就在那里展开……每一个老北京家庭都有很悠久的历史，不用身份显赫，但必须要经过至少一百年的积淀，才能耳濡目染出一代纯正的老北京人。

判断是否是老北京人也有一套简单的方法，那就是看他的行为做派。大多数人认为见面问句“您吃了么”就是老北京了，那可不对。那是南城北京人的问候方式。俗话说四九城的居民是“北贫南贱”，内城的很多老北京看不上南城人，认为他们素质低，不懂得礼数——老北京人最讲礼貌，不论汉满，平常见面问候声“您好”，大年初一则要说“您新禧”，晚上遇见了就是“您晚安”。突出一个“您”字，但远不是粗俗鄙陋的都用“您吃了么”来代替。

北京精神里有个“包容”，北京包容了来自五湖四海的客人。各色人等一方面将家乡的风俗习惯带到北京，一方面将见到的北京传统四处宣扬。看，这就是北京文化！殊不知老北京城虽比新北京小了数倍，但老北京的文化底蕴可远非新北京能比。用一句“您吃了么”概括全北京的问候，除了南城的老北京人都不干了，这不是北京的！汪曾祺说北京胡同文化的精髓是“忍”，这批在胡同长起来的老北京看着外地人进京了，看着自己被从皇城根挤到五环外，看着房价从四千涨到四万，看着上班时间从溜达十分钟到开车俩小时……老北京人不是棉花垛，可以任意压缩，有些老北京人开始抗争——时不时地发泄对外地人的不满。前几天我就目睹了一出有趣的对话：一北京人和一外地人开车在窄窄的胡同里相遇，北京人让外地人稍微挪一点，外地人不知是不是没听见，待在原处没动窝儿。

北京人无名火起，下车大喊：“怎么着啊！”

外地人也不示弱，没好气地回敬：“我枕（怎）么了？”

北京人更火了：“你先把口音端正了再说话，你以为这是你家啊，这是北京！”

这句话的潜台词是“这是我家，你到我家来不守我家的规矩”，它道出了许多老北京人心底的愤怒。老北京人的生活原本宁静，但外地人的到来剥夺了许多原本属于老北京人的东西，甚至连身份也不放过——老北京人有时候爱较真，看见一个明明卷舌的人自称北京人，便要不高兴。可是，人家的户口簿上明明写着“北京”，只是籍贯不同罢了。

这便是北京人身份的疑问，身份背后体现的便是文化的冲突。老北京文化包容了各地文化，但自己却不能独善其身。这件事情很难分辨是非：印第安人包容了欧洲移民落得文明消亡，但大唐包容了世界文化却流芳百代。或许老北京的文化不够强势？或许北京人就是在一代代地“更新”？或许……总之，老北京人的“北京问”不会停歇。

诗意地栖居

施博洋

诗意地栖居，是一种悠然，是一种境界。

诗意地栖居，诗意的悠然。他是“沾衣不足惜，但使愿无违”的农夫，是“采菊东篱下，悠然见南山”的隐士，是“但识琴中趣，何劳弦上声”的雅人，他是“不愿为五斗米折腰”、决心归田园的陶渊明。他将仕途的不顺抛在脑后，全身心投入到田园生活中。纵然感受着“晨兴理荒秽，带月荷锄归”的劳累，纵然经受着追求功名之人对他的不解，纵然这种乡间生活是那么平淡无奇，但是陶渊明依然能够用心去感悟平淡生活中的种种诗意，欣赏着“山气日夕佳”的美景，体会着“飞鸟相与还”的生机。可以说，正是这种诗意地栖居，让陶渊明的思想、境界得以升华，并一语道出他对人生的感悟：“一世异朝市，此语真不虚。人生似幻化，终当归空无。”

诗意地栖居，诗意的境界。他远离家乡，适逢寒食节，未免动思乡之情，但他却说“休对故人思故国，且将新火试新茶。诗酒趁年华”。有如此美好春景，何不饮酒赋诗，以不负此大好春光呢？拥有这种超然于物外的境界，还有什么事不能解脱？在一阵雨后，天晴了，当他从沙湖道归去时，他说：“回首向来萧瑟处，归去，也无风雨也无晴。”的确，“也无风雨也无晴”的平静状态，是在逆境或顺境调整心理的良方。这就是苏轼的人生境界，处变不惊，开朗达观，一种诗意的境界。

诗意地栖居，现代人所缺少的正是这种诗意。在这样一个竞争激烈的社会中，越来越多的人有着浮躁的心态，一种急功近利的思想渐渐侵入他们的头脑。他们不懂陶渊明那种诗意的悠然，无心留意天边的云、脚下的花，无心体会生活中充满诗意的一点一滴。当他们遭遇人生低谷时，怨天尤人，又不懂得苏子那种诗意的境界。想想看，如果我们每个人都能像两位古人那样诗意地栖居，我们的幸福指数会不会更高呢？社会会不会更加和谐呢？答案自然是肯定的，而且我们也相信，诗意地栖居，必将使我们的生命更加深邃与优雅。

所以，让我们诗意地栖居，体会那种悠然，感悟那种境界。

音乐之声

沈心悦

随着社会的发展，人们的文化生活越来越丰富，文化产业也呈现出蓬勃生机。近几年流行的收藏热、音乐剧和办得如火如荼的拍卖会似乎都大大地丰富了我们欣赏艺术的经历，让我们变得越来越有“文化”，越来越“风雅”。

然而，一位世界著名小提琴家做了这样一个实验。他打扮成街头艺人演奏了六首名曲，却仅有六人驻足聆听。在人流穿梭不息的地铁站，音乐被嘈杂吞噬了。而就在几天前，当他站在舞台上演出时，他的音乐又是那么被欣赏、被仰视。这不禁使我疑惑，同样的音乐，为何出现在街头便被人忽略，而出现在厅堂就受人追捧呢？

答案在于，我们消费的并不只是音乐本身。金碧辉煌的音乐厅和西服革履的演奏者似乎保证了听众的欣赏品位。有多少人愿意去花钱听一场令自己昏昏欲睡的演奏会？他们只为了一个高雅的头衔。他们忙碌地从地铁站走过，却愿意花费时间正襟危坐地听一场听不懂的演奏会。他们为高雅投资，却从不为艺术买单。

不错，我们接触艺术的机会的确在增多，我们的文化生活的确在丰富。然而我们却并没有欣赏艺术本身。拍卖会的火爆程度不亚于楼市车市，坐在拍卖会现场的人一个个面色潮红，为一件艺术品竞相出价。在他们眼里并没有瓷器釉质的纯厚，佛像神态的慈祥，屏上梅花的高洁。在他们眼中，艺术变成了一个数字，一捧捧金子。贪婪物欲的眼神不是欣赏艺术的眼神，它玷污了这美好的存在。

当艺术这人世间最美的事物都受到了污染，人类向往的真善美又如何实现?

喜欢这样一句话："音乐的灵魂不在于被演奏，而在于被倾听。"当音乐真正被聆听时，无论演奏者和聆听者身在哪里，艺术的美都在这一瞬间发挥得淋漓尽致；而当音乐只作为一种商品或一种身份象征的时候，无论一支曲子能卖到何种天文数字，它都是死的，是没有灵魂的。

曾看到过这样一段视频。一个小姑娘向一个街头艺人的帽子里放下一枚硬币，那个艺人便演奏起了欢乐颂。接着，越来越多的人涌入广场，拿着乐器，加入了合奏。最后整整一支管弦乐团竟出现在了广场，代表幸福与祥和的美好乐曲响彻天际。直到这里，你都可以认为它只是一个普通的"快闪"现场。然而，我看到了听众们的表情。我看到有人闭上了眼睛，我看到了人们脸上洋溢着幸福，我看到一个爸爸抱着他的孩子，握着那孩子的小手，伴随着音乐起舞……我想，那就是真正的音乐吧，在它灵魂绽放的瞬间。

感受幸福，享受生活

李笑涵

也许很多人会问：幸福是什么？其实，幸福很简单。幸福是生病时的一句问候，幸福是下雨天的一把雨伞，幸福是生活中的一个微笑……就是这些小小的幸福构成了我们的生活。

我很幸福，有理解我的父母。当我有不会做的习题时，有爸爸为我指点迷津；当我心情不愉快时，妈妈为我梳理心情。我很幸福，有形影不离的知心朋友，他们会在我需要的时候，出现在我的身边，关心我，帮助我，与我一起分享快乐。

当然，我也有痛苦的时候。记得在上小学的时候，我一直是老师眼中优秀的学生，从未受过老师的批评，然而有一次却破天荒地被老师当众狠狠地教训了一番，使我自尊心受到了极大的伤害，我伤心地哭了。回到家后，我闷闷不乐，爸爸妈妈看出了我的不快，在了解了事情经过后，他们告诉我老师评批的是对的，自己有了缺点能被老师及时指出何尝不是一种幸福？今后可以更加完善自己，做一个更完美的人。他们还给我讲了霍金的故事，他身患重病，却依然笑对人生。我很快调整了心态，第二天笑盈盈的我又出现在同学们的面前。

有些人会因一点小事就不高兴，甚至吃不香、睡不好，还有的人会就此消沉下去。人活着为了什么？难道不是为享受生活吗？

有一次期末考试期间，两场考试中间有一段长长的休息时间，正巧赶上那天下雪，大部分同学都躲在班里复习，而我和几名同学策划了一次有情调的雪中漫步，体验雪的世界，感受冬的气息，享受冷的快乐。我想北京很少下雪，难得遇上就要充分地享受其中的快乐，况且在考试的间歇来放松一下岂不是更加有意义？

是的，快乐就在你身边，点点滴滴收集起来就汇成幸福。为何不选择快乐来充满你的生活空间？我们每天感受着大自然的气息，享受着亲情友情，我们没有理由不快乐。

我想说，感受身边的幸福，尽情享受生活吧！

迹

张楚仪

痕迹，仿佛是最慈悲的词，证明了事物的发生与存在。

——题记

墨迹

何为墨迹？是我们吟咏诵读的诗词歌赋，是记载人类千年文明的史书典籍，是古今中外人们行云流水的文学作品，亦是现在我笔下流淌出的一行行文字。于人类的文明而言，这是智慧的精华；于我而言，这是“我思故我在”的证明，是我生命的沉淀。我用青春的笔墨在时间的空白上肆意涂抹上属于我的色彩。我可以记录下每一点一滴的感受与顿悟，我可以记载每一个值得回味的瞬间，我可以不管不顾乱涂乱画出只有我一个人能懂的标记，我可以用一支笔创造出自己的世界。这便是我的自由，我的幸福，我的墨迹。

行迹

我的行迹，不似太阳系行星运动般潇洒迅速，不似徐弘祖般踏遍大江南北，不似苏子般驾一扁舟放乎中流，听其所止而休焉。我羡慕以上所有，而我现在的足迹不过在哈尔滨与北京，家与学校之间两点一线。枯燥吗？的确。我不能无拘无束地四处游览，随心所欲地依照自己的喜好来生活。

韶华易逝，我清楚只有处理好学业——这项关于未来的投资，才能在今后的路上走得更远。我的足迹，踏在两片土地上。踏在故乡的炽土上，我生活了十五年，形成了最初的认知，那里永远寄托着我最深最热烈的情感；我如今人在北京，踏在梦想的土地上，我亲手将我的年华，我的每一滴汗水，我的快乐我的悲伤一一洒在这片土地上，来回报这绝美的京城。我的经历，我的生命，我的行迹。

心迹

足迹所不能至处，便是我的心迹。我可以沉浸书海体味千百年来文明的精华，行走于历史中感受繁华与沧桑；我可以读词以正衣冠，读史以知兴替，读人以明得失；我可以用“天下无一不好人”的心境来欣赏每一个人；我可以读一花一草，与世界万物契情，用心来感知世界，印证自然。我的情感，我的灵魂，我的心迹。

人生在世，不过是百代之过客。我努力地在这个世界上留下我的痕迹，可是，这就像沙滩上的脚印一样，恐怕终究会湮没在历史的波涛中。只盼回首向来萧瑟处，能够欣然于这一生的痕迹。轻狂也好，执拗也罢，划出生命的火花，便无愧于身边风景。

我有一个梦

赵家佑

我有一个梦想——在虚拟的世界里创造一个未来。

我从小就很喜欢看历史书，尤其喜欢看关于伟大的帝王或者帝国兴衰类的历史书，那些伟大的人、伟大的帝国深刻地影响着我，甚至连玩游戏我也是选择这一类的内容。我一直很崇拜那些帝王建立了那么强大无敌的王国，我也梦想着建立自己的“大帝国”，虽然在现今的世界这已经不可能。但是，我可以在虚拟的世界里创造出一个未来。

我喜欢创造的感觉，不喜欢跟在别人后面亦步亦趋地学习。当然创造的前提是要先学习，要站在巨人的肩膀上才能有所创造。我很小时就开始接触计算机，它呈现给我的是一个那么神奇的世界：一棵树、一所房子、一个人……任何东西都可以用一串数字模拟出来。这种感觉那么奇妙，很吸引人。随着年龄的增长，我尝试着自己做些东西。虽然我目前的水平只能做很简单的东西。以前我喜欢下载 mod（就是别人制作的模型补丁之类的软件），但其实我很喜欢别人能使用我制作出来的东西的感觉。总是看到“苹果”的广告：苹果，又一次影响世界。敬仰之余我就想，为什么一定要被“苹果”影响，我也想影响世界。

我的理想是开发游戏和人类社会的模型。游戏是针对大众娱乐的，是低层次的追求，姑且称之为“民用版”；人类社会模型是针对整个人类发展的，是高层次的追求，这里称之为“专业版”。

我玩过很多的游戏，很清楚地了解中国游戏厂商的营利模式。中国的游戏厂商比如“腾讯”，使游戏环境完全向负无穷发展。它创造的游戏环境是不公平的，游戏中人物的强弱完全是靠金钱的多少，而不是靠自身的能力、团队的合作。想玩好游戏就要不停地花钱买装备，花的钱越多，装备就越强，人物的实力就能变得越强。游戏厂商就是通过这种方式赚得盆满钵满。但危险的是，它也用此种方式传递出来一个信息：有钱的就是爷。这是让我极为不齿和鄙视的。看着那些和我年龄相仿或者比我的年纪小得多的孩童们，每天泡在传递着这种价值观的游戏环境中乐此不疲，我真的为他们感到担心，更为中国的未来担忧。中国现今的社会把金钱看得比什么都重要，拥有物质财富的多少成为衡量一个人成功与否的标志。财富固然很重要，但它不是最重要的，除了金钱，这世上还有亲情、博爱、善良、责任、温暖、美好、智慧、勇气……中国的游戏已经在根本上毒害着正在成长的一代，这是多么的可怕。那么，同样的，游戏也可以反过来从正确的方面影响正在成长的一代，也可以传递给他们正确、积极的价值观。所以，我就更加坚定我的理想：改变游戏环境，改变未来。想要让自己变得强大无敌，无论是在虚拟世界里还是在现实世界里都需要具备智慧、勇气和爱，需要依靠团队的协作、互相的帮助……我的目标是像欧美游戏那样，把我的作品的受众人群扩展到全世界，影响到全世界。

所谓“专业版”就是模拟人类社会。一个政府要实施一项新的政策、措施，那么也许可以先用计算机做一个模拟，根据模拟情况发现问题，对新政策做出调整，帮助决策。所以可以做一个人类社会的模型，模拟各种各样的事态，或者模拟各种各样的新政策，从中吸取经验，不断改进。不敢说100%做到完美（毕竟是机器的模拟），但是也应该能做到尽可能规避风险，找到无限接近于完美的措施。这对人类的发展一定是有益处的。

一般的虚拟世界都会有一个恒定的故事主线，也就是说每个人都必须扮演救世主，而且扮演的是同一个角色。我希望我设计的这个世界不是有一个现行的主线穿插的世界，而是真的模拟人类世界，从一个时间点开始，整个世界会随着不同人之间的互动、联系以及计算机模拟的种种突发事件和当事人选择的方向发生改变。换句话说也就是真的由身处于这个世界的人们创造世界，而世界的未来都充满了未知。

没人知道未来确切的情况，只能通过猜测、冒险去了解，只能靠自己去谱写历史。这能让身处这个世界的人有真实的融入的感觉，而不同于只是扮演一个英雄。其实我之所以想这么设计也是希望人们能尝试更多的选择，不一定必须去拯救世界，可以做一些想去做但是没有机会做的事情。比如做个商人经商，做个冒险家，甚至去寻找龙的宝藏……（其实这些正是我想做却无法做的……）任何想做的都可以去做。总体而言就是提供一个更多样化的选择，真正地扮演一个角色，去体验已知中的未知。

同时既然是模拟人类社会，其中就一定会有法律、规则之类条条框框的东西。而所有这一切都希望能模拟人类社会从零开始，一部部制定、一步步完善，而不是完全的既定的一成不变的规则。

通过“模拟人类社会”人们可以穿越时空，可以改写历史。想知道历史的真实？那么通过“模拟人类社会”就可以实现。人们可以作为一个旁观者冷眼看着事态的发展，甚至在这个模拟的世界里去改写历史。比如世界上如果从来就没有过拿破仑或者希特勒，这个世界会是什么样子？或者，拿破仑在某个关键的时刻做出了一个和历史事实不同的选择，那么世界又会是什么样子？再或者，一个名不见经传的普通人物，他的存在与否以及他在某个时刻做出的选择不同，世界到底会不会有什么变化？用一句电视剧里的话说：“是世界选择了我，还是我选择了世界？”

同样的，任何一个人都可以模拟自己在某个时刻做出不同选择时，世界究竟会不会有什么变化。政府公共安全部门可以通过模拟世界，根据已经发生的情况，对可能将要引发不安全情况的人或事件及时进行制止或补救。那我们的世界真的就变成了一个安全的世界了，所有的犯罪行为、恐怖行为、会引发不良后果的行为都将被及时制止或者找出弥补的办法。从这个意义上说，也可以说是改变了未来。总而言之，我渴望创造一个新世界，渴望用我创造的“世界”去影响世界。

虽然这个梦想还有些模糊，还有不确定性——我不确定它是不是幼稚的、不切实际的、天马行空的幻想，因为我毕竟还没有成熟到可以完全用成人的思维去思考世界；我不确定它是不是可以让我把它当作一生的事业去为之付出努力，因为我还没有接受过任何与之相关的系统的教育；我不确定我是不是有足够的能力去实现我的梦想，因为有兴趣并不意味着就一定有能力，只有兴趣和能力的完美结合才能创造奇迹，但是我确信只要有一个目标并且为之努力，全世界都会为你让路。

说到这里，不知道大家有没有看懂，当时和父母以及老师们讨论这个梦想的时候，除了我自己几乎没人明白是什么意思。说了这么多，也无法保证这就是未来一定会实现的，但确实是一个可以让我为之努力的目标。如果未来我真的能开发出类似的东西，固然美妙至极，但若是很遗憾我失败了，或是某个天才少年、少女怀着和我一样的梦想成功了，那么这篇有些天马行空的文章大家看过了，就一笑了之吧。

为了忘却和纪念的旅行

——一场友情的祭奠

房文雨

在这条暗流汹涌的长河里，我倔强地选择你，做我心上那道深不可测亦无法愈合的伤口。

——《分开旅行》

序

6月30日，我拉着行李箱站在火车站的广场上，箱满，心却空……北京西站，我从这个本是计划外的车站出发，开始一场我们早已计划中的旅行。只是现在身边没有你，我提前开始了我们的毕业旅行，为了忘却和纪念……

一

7月1日15:52，北京—西安。

我选择了一列慢车，让我能够坐在窗前慢慢地感受夜色将列车湮没、黎明奋力喷薄而出的时刻。这本该是我们一起经历的画面……那天，当最后一丝阳光在我身后慢慢隐没时，星星垂下头来，天空是我从未见过的那么触手可及，可是你却早已走远，远得让我看不见你的背影。我离目的地越来越近，却离你越来越远。

车在途中停靠了好多站，大大小小，上车下车的人来来往往。难道你只是我生命里的过客吗？在某个车站上车，陪我欣赏完一次完美的日落，然后又悄无声息地在某个不知名的小站偷偷下车，静得不留一丝痕迹，留我一个人在车上感受夜的孤独。

05∶22，火车抵达西安。走出火车站，西安古老的城墙就安静地伫立在我面前，没有绚丽的色彩，却让人觉得踏实和稳重，一股浓厚的历史气息扑面而来。没有刻意的雕琢和装饰，没有夸张的现代气息，就像一杯爷爷常捧在手心里的酽茶，平淡质朴，却醇厚得让人心醉……

7月的阳光像开水一般倾洒在这片富饶的关中平原上，踏着热浪，我来到了大明宫遗址。在我面前的丹凤门高大宏伟，有着帝王般的气势，可是这样的建筑带给我的不是惊喜，却是遗憾。他们不过是仿制品罢了，本不属于这片土地，而当初美轮美奂、奢华至极的大明宫早已被历史的洪流冲刷得无影无踪。除了这几座仿建的大殿外，这里再无其他。我无法想象，我眼前这片土地当初孕育了怎样辉煌的大唐盛世；我也无法相信，当初的美好竟在一瞬间灰飞烟灭。这一大片空旷，有着让人疼到心碎的美丽，就如你在我心里留下的一片荒芜。

我记得那个7月的中午，记得那条短信，仿佛我们俩的世界在那一刻彻底分离。你用一个陌生的号码发短信告诉我说，你不能再像原来那样对我那么好了，你要退出我的世界，只做普通朋友就好。我不敢也不想相信你短信里所说的每一个字，之后的几天，我仿佛都在恍惚中度过，我给你发无数条的短信，歇斯底里地追问原因，可是却没有得到一条回复。那一刻，你在我心里筑起的世界瞬间坍塌，一片荒芜。

第二天下午，我独自一个人去看了古城墙。城墙的厚度足以容纳几辆并排的汽车，外城之内还有瓮城，它们保护了古都的安全，把敌人拒之千里之外，也见证了西安城的起起落落。这就像是人心一样吧，一旦筑起心墙，就不再容易攻破。

自那之后，我们之间突然变得那么冷淡和生疏，好像是熟悉的陌生人一样。我递给你苹果，你客气地回我一句谢谢，连我的眼睛都不会直视，如果是以前，你会毫不犹豫地从我手里抢过去就开吃，没有一句谢谢，还得意地朝我傻笑。难道现在我们之间只剩下"如果是以前……"了吗？那条短信真的就像一堵厚实得让我无力翻越的墙，隔在我们彼此中间，杂草蔓延。我可以很轻易地穿过城墙去领略城内的风貌，可是我却走不过那堵立在我们之间的心墙。

那天晚上我去了西安当地有名的老字号饺子馆品尝饺子宴。十种颜色和形状各异的饺子在我面前一字排开，精致得不想让人把它们变成胃里的面目模糊不清的食物。那个排在最后的核桃样子的饺子让我再一次陷进了旋涡。

"哈哈，我赢了吧？！我就说这次一定是我赢，我是有杀手锏的！"一丝略带得意的笑容掠过你的脸庞，"走着，今天中午你家吃去？"

"不是我不想让你去，实在是……我爷爷做的饭我都有点吃不惯，更别说你了。"我无奈地说着，可是你丝毫不搭理我的"忠告"，拉着我径直朝我家走去。

那天中午，不知道爷爷是有预见性还是怎么了，做了他唯一让我吃完称赞连连的饭。白色的包子皮儿，黑色的馅儿，馅儿是爷爷的独家创意：核桃仁、黑芝麻、山药和糖，甜甜的、糯糯的。我还记得你咬下第一口之后，露着吃得黑黑的牙，傻呵呵地对我说："嗯，好吃！你还死拽着不让我来，是怕好吃的被我吃了吧？！现在证明我来对了！"

那天中午，你吃了五个包子，是爷爷包的核桃馅儿的包子……

我咬了一口，核桃的馅儿在嘴里蔓延开来，是甜甜的坚果味儿，就像那天中午你脸上洋溢的微笑。可是为什么，为什么回味是清苦的？现在，我们之间就只剩这种清苦了吧……

旅程的第三天，我去了太白山，那是横亘祖国中部的雄伟山脉上最美的山峰。那天雾蒙蒙的，山里的景色像被笼上了一层薄纱，尽现朦胧之美。下了缆车，向山顶行进的途中下起了小雨，水汽湮没了生长得肆意的花草树木，湿漉漉的木栈道嘎吱作响，像为了配合叮咚的雨水唱出的古老歌谣。不一会儿，太阳出来了，水汽在光影中慢慢消散，就像你的痕迹在我的生命中渐行渐远。

二

收拾好行李，收拾好在西安的记忆，也收拾好关于你的回忆，带着我们本该一起完成的梦想，没有停歇，我再次出发……

那一年，同样是7月。那天，我看你趴在地图上发呆，我问你在干什么，你说在计划一项“伟大的事业”，说完，便在图上画了两个圈，一个是西安，另一个是黄山。你说，初中的毕业旅行一起去那里吧，去看看历史上最美的城市和秦岭最美的山峰，去看看中国最美的画里乡村。

现在我已经完成了原本我们共同拥有的梦想的一半，开往芜湖的列车会带我完成另一半的梦，不管你是否还在我身边……

7月6日，14：00，北京—芜湖。

欣赏过古城墙，惊叹于大明宫遗址，领略过“太白雨”，走过古都的种种后，我坐在一路向南的火车上，仿佛时间也被拉得无限悠长。那一整个下午，我坐在窗边安静地看着窗外慢慢变化的景物。植物生长得越来越疯狂，阳光也好像越来越热烈，即使即将隐没于地平线，也要奋力地绽放。

我们之间的关系也在慢慢地发生着变化，只是，我不想也不敢承认罢了……就像两条相交的直线一样，走过那个最美好的焦点，我们便分道扬镳，彼此不再相关。

那晚，火车上的梦里，我好像隐约听见火车轰隆隆地驶过大桥的声音，是在跨越长江吧？驶过长江大桥是你曾经计划中的场景吗？只可惜夜晚太黑，我看不清江面壮阔的模样。就像现在黑暗中的我，看不清你的脸，找不到你在的方向，只剩下迷茫。还好是在梦里，因为我不想醒来独自面对黑暗。

7月7日，04∶44，火车抵达芜湖，这个南方小城迎接我的是清晨空气中丰富的水汽。

下火车后，要转乘汽车，才能到达屯溪。这一半的旅行以一次四小时的汽车之旅开场。

到达屯溪后，我整个下午都泡在老街里。青石街道的两旁都是灰瓦白墙的徽式建筑，老街气息里透出的悠闲仿佛让阳光也变得慵懒起来。在街边的一家老字号点心店里，我买了两盒徽墨酥，点心是很正的黑色，真的如徽墨一般。我记得你是爱吃甜点的。这样的街道，这样的气息，一整天，即使什么都不做，就坐在阳光里，就好。这样的感觉是你把它选作旅行目的地的原因吗？

第二天，我去了中国最美的画里乡村——宏村。那儿仿佛真的是画里的地方，每一张照片都可以不加任何的修饰做成明信片。清澈的水映着灵秀的桥，灵秀的桥衬着素雅的屋，仿佛一幅墨色深浅得当、技艺高超的水墨画，粉墙黛瓦、碧水青桥，就连黏黏的空气中也透着江南特有的灵动的气息。一切都那么纯净美好。如果，你能一起来那该有多好……

那天中午上学的路上，你问我："你知道跑1500米第一个冲过终点时的感觉是怎样的吗？"我说："不知道。"你说："那种感觉就像是你就是世界的中心，全世界都在为你喝彩！"蓝色的天空清澈透明，仿佛一碰就会碎掉，阳光穿过树叶，溢满你的酒窝。我在你的脸上看到了一个奔跑者那种执着的信念和跨越终点时的自豪。这样的回忆一如现在我眼前的画面，纯净美好。

在那个小镇里，我买下了好多你喜欢的手链。但直到即将离开时整理行李我才发现，无论是你爱的甜点还是你喜欢的手链，即使我想，现在的我又要怎样把它们送给你呢？我们的关系早已从"最好"变成了"普通"，也许以后会成为彼此生命中的路人甲，礼物再精致也改变不了这个事实。那一刻，我突然明白，也许生命中有些人、有些事注定用来怀念，它们是我们生命的组成部分，它们的离开、消逝就是为了让生命更加完整。我能做的也许就是挥挥手，说再见，这就是最好的方式了吧。

现在回忆已经用尽，剩下的，就只有在心里找一片最纯净的土壤，把回忆好好埋葬，然后收拾好心情，坦然面对一切。

三

一场旅行，为了忘却，忘记我们给过彼此的伤痛和美好；为了纪念，纪念我们牵手走过的青春年少。一场旅行，一个未实现的承诺，终于让我整理好对你的眷恋，学会放下，学会珍惜。虽然我们不会回到从前，因为我们的故事里写下了太多的遗憾与感慨，但是要珍惜今朝的笑，这才是最珍贵的，不是吗？现在的我不会再纠结，不会再痛苦，普通朋友也好，“最好”或者“唯一”也罢，我只想珍藏好那些彩虹般的回忆，眺望未来。

回北京的火车上，我睡得很安稳，我梦见我们坐在一间小小的面馆里，玩笑着，呼噜呼噜地吃着面，眼镜上氤氲着热腾腾的哈气。那是我们牵手走过的青春吗？没有伤害，只有美好……

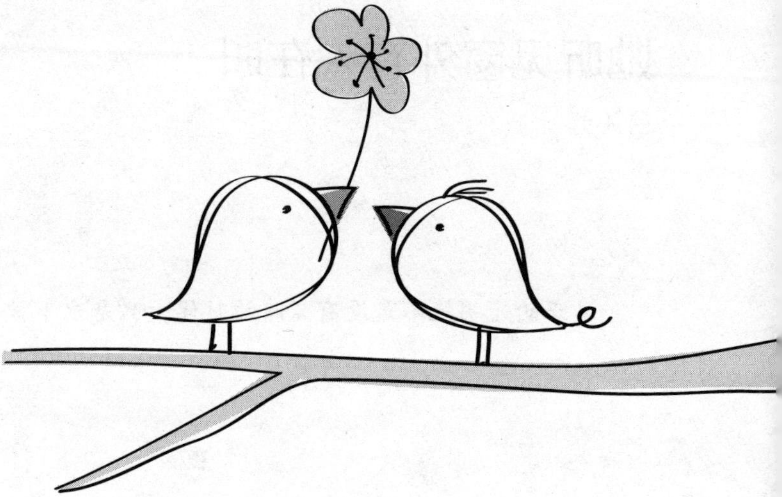

第二卷

小说与戏剧

我要去一个很远的地方

她听见窗外有人在叫

吕沁芳

真正的光明绝不是没有黑暗的时候，只是永不被黑暗所掩盖罢了。

——罗曼·罗兰

夜

“跳下来，跳下来。”她听见窗外有人在叫。

“啪！”愤怒地扔下笔，她在心中无声地咒骂：“多少次了！多少次了！无论做什么，那声音总是停不了！”

她焦躁地抬头，看见身边的同学依旧在忘我地忙碌着。果真，那声音只有她听得到。一周了！七天了！她日日夜夜听见那个声音从窗外传来：“跳下来，跳下来。”似有若无，阴魂不散。教室惨白的灯光打在她的脸上，显得她的面目有些狰狞。她凶恶地瞪向窗外，妄图找出那诡异声音的来源。但与往常一样，她一无所获。那声音像荒原里腾起的无根鬼火，说不清来处，找不到归途，只是日日夜夜徘徊在这无望的人间，挥之不去。

“铃……”清脆的铃声刺痛了她的耳膜，宣告着晚自习的结束。“该死！我还什么事都没干！”她无声地咒骂着，耳边又传来那极具煽动性的呼叫……

“跳下来……跳下来……”

日

早晨的日光明媚得刚刚好。初升的光束跳跃而入，照在地上，变成描着金边的四边形；打在木制的桌面上，反射出柔和的光晕；掠过她的发梢——呀——光唏嘘着退却了，抱怨着："我照不进她的心里。"

桌上摆着前天的考卷，她看着那嘲讽的数字面如死灰。老师讲评的声音全都未曾入耳，她只是一遍遍地告诫自己，不要听从耳边那愈发张狂的咆哮——咆哮——那曾经似有若无的低语在她无力的抗拒中蓬勃地长大。

"不要再说了！不要再说了！为什么偏偏是我！"她无声地呐喊着。

"跳下来……跳下来……"

"够了！我可以！我可以的……我不去！"她的手指深深地埋入发间。

"跳下来……跳下来……"

"忍过去就好了……就好了……"她痛苦地闭上双眼。

"跳下来……跳下来……"

"我是不会去的！我很好！我有很多事要做！我还有朋友在看着我。对！朋友！"她用指甲抠着头皮，脑中回想着自己曾与朋友们一起的场景，强迫着自己冷静。她重新握住手中的笔，假装听不见窗外在叫……

"跳下来……跳下来……"

夜

她飞奔上楼，冲进厕所最里边的靠窗隔间，啪的一声关上门。"呼——"缓缓滑坐在窗边的暖气上，她长长地舒了一口气……

冬日的宿舍暖气给得很足，即使夜晚也不会感到寒冷。她煎熬了一整天，心中只想着，晚上我要给榆——她最好的哥们儿——去一个电话。这些日子太忙了，忙得来不及呼吸。高三像地震过后的山体滑坡，沙石哗啦啦地落下来，把她砸得晕头转向，分不清东西。她只能一遍遍安慰自己："坚持就是胜利，一切都会过去。”直到那个声音的出现，揭穿了她假装坚强的骗局。

她的头痛得厉害。那个声音像洪水猛兽般从窗外扑来，在她的脑海中叫嚣打转。“跳下来……跳下来……”她使劲晃了晃脑袋，强迫自己清醒一些，然后掏出手机，熟练地拨通了榆的电话。多久没给他打电话了呢？想起那家伙笑得没心没肺的样子，她的嘴角也扬起一丝微笑。

“喂？”话筒那边传来熟悉的男声，电话通了。

“我。你干吗呢？”掩饰着心中的喜悦，她问出了每次对话前必说的开场白。

“写作业呢……还多着呢，你有啥事快说。”彼此的默契让他们之间从不客气。但榆不知道，今天的她不一样。

“哦……我……我也没什么事，那你先忙着吧。”她的心一下子坠入谷底。

“哦……”只听见那边“哦”了一声，便挂了电话。

她的右手仍举着手机，一股巨大的茫然感将她包围。“跳下来……跳下来……”那声音叫得更欢了。她猛地望向窗外，看见黑色的潮水正向她涌来。她睁大眼睛，张开嘴巴，却发不出声，只能任由潮水将她吞噬。“跳下来……跳下来……”蓦地，潮水退去，天仍旧凝重的黑着。她却感到浑身发冷，像曾被潮水淹没。她走向窗户，伸手拉开，清冷的夜风涌进来，她更冷了。风把寒冷吹进了她的五脏六腑。她凝视着漆黑的夜空，耳旁的叫声越来越大。“跳下来……跳下来……”她突然觉得空中好像开出了一个旋涡，在吸引着她靠近。

“跳下来……跳下来……”她把手臂伸出窗外。

“跳下来……跳下来……”她把头探出窗子。

“跳下来……跳下来……”她半个身子已经悬空。

“跳下来……跳下来……”她就要融进这茫茫黑夜。

“让天空解释着蔚蓝，浮云定义着洁白，落花铺陈一片红色地毯，迎接我们到未来，精彩未完的未来……”悠扬的曲调在狭小的空间中回荡，手机响了。

“喂？”

“喂，你怎么了？刚听你语气不太正常，正想问，手机就没钱了，这不，刚充上。”那边传来榆急切的话语。

她哭了。她终于毫无顾忌地哭了。放肆的泪水淹没了窗外的咆哮，她一心一意地发泄着……

日

今天多云，也无风雨也无晴。她疯狂地抄着笔记，继续抵抗着来自窗外的蛊惑——是的，那声音还在，但她似乎已经有些习惯了。再看到成堆的卷子时，她会恶狠狠地对那声音说“闭嘴”；再偶尔顺利完成所有任务时她会望向窗外，戏谑地笑着，问一声“怎样？”

“怎样？我无法摆脱你，但我也不再畏惧你。我不想打败你，但我也不会顺从你。我还要习惯你，背负着你一起走下去——直到成长为更强大的自己。”

她如是说。

后记

人一生中，也许都会经历那样一段日子：天，总是黑的，偶尔亮了，阳光却是惨白的。眼中没有神采，内心埋藏着深深的绝望。

其实，绝望不可怕。当你快被它逼疯时，那离你把它逼疯的日子也就不远了。

于是，请带着绝望上路，在路途中遇见更好的自己。

永远消失

辛梦瑶

老弗朗回来的时候两只眼睛都瞎了，没人知道是怎么瞎的，他也对此缄默不言，只知道他离乡了几十年，现在落魄地回来，看他的妻子。村子里稍微年长的人都清楚他的故事，一个个说长道短，全然不满足于在一点细枝末节上添油加醋，连最沉默、最腼腆的那个满脸雀斑的小子都会说上几句，说他当年的英俊潇洒、风流倜傥，说他百花丛中过，片叶不沾身，说他一双紫罗兰色的眼睛迷倒了多少姑娘，说他当初娶城里有头有脸的贵族小姐时是如何的风光，可是——每当这时候，雀斑小子总会故意停顿一下，贪婪地环顾一周，在听众们（多是村里乳臭未干的小子）一脸急切等待下文的表情上获得极大的满足之后，清清嗓子，幸灾乐祸地“嘿嘿”笑上那么几声，才又开始讲——那一双眼睛俘获了多少芳心，如今却混沌地像是蒙上一层厚厚的灰。那个原本健硕、俊美、神采奕奕的弗朗西斯不在了，只剩下老弗朗。

村子里都笑话他，乡下的生活索然无味，现在终于有了谈资。裁缝家的小孩在他拿来修补的破上衣背后缝了几句问候他老婆的话，大人们也不制止，因为谁都清楚老弗朗的妻子是个耐不住寂寞的女人，成天往外跑，又染上了赌博，把家业掏光了就靠外面的情夫养着。此般种种，老弗朗想不听到也难，但他依旧木讷着一张脸，灰蒙蒙的眼珠不动一下。

老弗朗坐在床头，妻子准备的被褥有一股霉变的怪味。这是一个还算凉爽的下午，他一声不响地抽着烟。他听到他身材有些走形的妻子放轻脚步向他走来，身后跟着一少年。他深刻地记着那种专属于青春的脚步声，他也曾拥有过，献给年轻貌美又多金的小姐们，不过现在他已经没有奢望的勇气。

“亲爱的，”妻子的声音有些颤抖，“来见见我们的儿子。”

语气无疑是心虚的，老弗朗却没有戳穿她这层一捅即破的维持自尊的谎言，只是迟缓地点点头，示意她继续说下去。

“这是我们聪明的儿子。来，跟你爸打个招呼。”

少年被推到他面前，他站起身，却无法感到半分喜悦，但他同样无法怪罪在这个无辜的“儿子”身上。他伸手碰了碰“儿子”的脸——自然被厌恶地躲开——又向上摸了摸那一窝杂乱无章的头发，发觉两人其实差不多高，老弗朗已经定格，而少年却还有要向上蹿上一蹿的趋势。

老弗朗问他：“你的头发是什么颜色的？”

“你一个瞎子，知道这些干什么？”少年的态度不怎么友好，操着一口并不纯正的法语，夹杂着德国口音。

老弗朗哀求他：“告诉我吧。好孩子，告诉我吧。”

他小声地嘟囔了一句，似乎是在与他矮小的母亲吵嘴，然后回答他：“银白色，是银白色的短发。”

“那眼睛呢？”

“都是红色的。嗨，你见过红色是什么样的吗？”

老弗朗点点头，低下头像在思考，在脑海中大致勾勒出这么一个意气风发的少年的形象，却没有办法想象出四肢与躯干，他不清楚当下的时尚到底是什么个样子，只能模模糊糊记得二十年前小伙子们的穿着。半晌，又抬起头问道：“你叫什么名字？詹姆斯？凯撒？”

少年甩开他的手，退后几步上下打量他，像是自尊受到了极大的伤害，大声嚷嚷着跑出家门：“你知道这些干嘛？我妈不过是可怜你，给你地方住，赏你口饭吃，反正你又不是我爸！你又不是！”

妻子为难地望了一眼没什么反应的老弗朗，追了她的儿子出去。

“基尔！基尔！你快回来！”他听到妻子的声音渐行渐远，细得化作一缕烟飘了出去。

他依然抽烟，抽完了就来回捡几根烟屁股抽，等抽得屋子里烟雾缭绕蒙上了一层呛鼻的烟纱，他才蜷缩到床上，翻了个身慢慢睡去。

他已经很久没做梦了，自从他失明之后，很多记忆像是掉色的墙皮大块大块地剥落。在硌人的床板上昏睡了很久之后，他似乎梦到了什么——只有在梦中他才能重新拥抱光明，仿佛真实地接触明艳动人的色彩——模模糊糊在他的眼前闪回。

两个年轻人站在湖边，其中一个把金色的卷发束在脑后，隐约有他年轻时候的风采——当然，在他还是弗朗西斯的时候。他们牵着马背对着他，吵闹了一会儿，那声音细不可闻，又捡起地上的石子投向湖面，这样无聊了一个下午。他们把手中最后一块石子用力掷出去，却迟迟等不来回音，于是骑上马走了。老弗朗醒来，窗外传来一声闷雷，此时已经傍晚，出去的两个人还没有回来。老弗朗披上裁缝家小孩缝补的外套，拿起门口的雨伞，刚抬脚便听见妻子尖细的嗓音和“儿子”匆匆的脚步声。他又默默把伞放回去，靠好，收拾利索躺在床上。

刚进屋没多久外面就下起了倾盆大雨，油灯被风吹得忽明忽暗，老弗朗倒是并不在乎这些。“儿子”逃到村外的小溪边去了，溪岸上的鹅卵石有些扎脚，就算是被母亲拎回来之后依旧不愿见他，一个人躲到屋里。妻子与老弗朗没什么话好说，跑到儿子的屋里，大致围绕着为什么两人离家之后老弗朗没有去找他们争吵了那么两三句，又啪嗒啪嗒地跺着脚出来，坐在饭桌前生气，还哭哭啼啼地抹眼泪。

老弗朗想去安慰她，被少年抢先了一步。他静静听着母子之间轻声的对话，摸索着打开了收音机。

“儿子”一早便火急火燎地奔了出去，也不知与谁结伴，说要踏青，可都到了这个时节，哪还有什么“青”可踏。老弗朗上了年纪，觉本来就少，“儿子”却比他爬起来得更早，想来是要躲他。

气氛延续了昨日的尴尬，妻子想要开口说些什么可又四处找不到话头，只好偷偷瞅他一眼，再瞅一眼，以为他不知道。桌子上摆着两份早点，一份只剩残羹剩饭，另一份凉透了，想来是为“儿子”准备的，没有他的份。“儿子”的清早离家妻子必然是清楚的，也暗地里纵容他，表面上却瞧着老弗朗的脸色说几句埋怨的话。他像是没察觉一样咂着烟嘴，末了，又慢吞吞地搬来老旧的收音机横在两人中间。

妻子觉得这是在羞辱她。结婚前她觉得他是最完美的情人，结婚后虽然有缺点但也可爱，然而现在，这样一个迟钝的老瞎子，还有什么值得爱的，连留恋的资本都一点不剩了。妻子起身，戴上宽沿的帽子就出门了。

又是一阵踏下木质楼梯的脚步声，与她的儿子何其相像。

妻子走后，老弗朗又开始犯困，也可以说，他只有在家人面前才能勉强打起精神，平日里总是浑浑噩噩。原谅他吧，他的眼前是一片茫茫的黑暗，也难怪他这么困倦。

他又做梦了，一反常态地做了好几个，像是把几段凌乱的胶片拼接到了一起。他梦见他养了一只金黄色的小鸟，小鸟冲上九千米的高空骄傲地俯冲下来；又梦见他戴着奇形怪状的帽子，与一只红眼的端着茶杯的兔子接吻；一转眼他在战火之中飞奔，搂着一具无法辨认的尸体不可理喻地固执。他鲜有那样的固执，他以为十几年来命运的长鞭早已把他鞭笞得温和而懦弱，事实上也似乎如此。

他曾经追求过很多东西，而他现在唯一奢求的就是当初奋力追求时的那份心力。他再没什么力气去面对，更无力去逃避。

再醒来的时候少年就站在旁边，跟平时（虽然他也不知道平时到底是什么样子）不太一样。

“怎么了？”

“我妈跟着那些个汉子跑了。”

“你怎么不跟着她走？”

“本大爷不是那种需要老妈子在旁边照顾的人。”

老弗朗有些愣，坐在床上不知道该说些什么好。“儿子”狠狠拍了一下他的脑门，对他说：“还不快去做饭？本大爷饿了。”

老弗朗被轰下床之后听到身后传来一句“好吃懒做的家伙”，却不争气地笑了。

他是怎么了？

这简直像是一场梦。

这或许真该是一场梦——面对这样总结的老弗朗你不能怪他太过理智，在他迅速冷却之后，甚至是在冷却之前，他已经意识到拖着这副残躯连自己都没有办法照顾好，更何况带着一个即将成年的所谓“儿子”。

他没有足够的勇气拖垮第二个人的青春；他没有足够的勇气做任何事。

他果真是软弱了，时光的药效在他身上发挥得淋漓尽致，他无法否认心底对于妻子的愧疚没有因为她的出轨而有所减弱反而越来越沉重。这份沉重压抑着他的呼吸，紧锁着他的喉咙，使他体内不断涌出求死的渴望。他从来没有经历过这么强烈的挣扎，挣扎着寻死，在他刚刚离乡被大城市的有钱人当作玩具发泄玷污的时候没有；在他驮着枪在硝烟弥漫横尸遍野的战场上匍匐前行的时候没有；在他躺在医院里伸出双手迎接清晨却只能被冰冷的黑暗纠缠的时候也没有。

你还剩下什么——不仅这样，你还连累了一个人的青春，现在，你又准备连累第二个。

他这样对自己说。

“还愣在那里干吗，给本大爷做饭去。”

老弗朗放下刚才偷偷握在手里的手枪："我不会做饭。"

"老头儿你说什么？"

"我不会做饭。我瞎了，什么都看不见，不能做饭。"

"那我还要你干什么？"

"对，什么都干不了。"

"那你还不快从我这里滚出去！"

"对，我正要滚。"老弗朗说着迈开步子就要走，被力气惊人的少年一把抓回来。

"蠢货！你说走我就让你走？你还能走到哪儿去？难道要躲在墙角瑟瑟发抖等着一场大雪把你冻死？"

"没错。"

老弗朗的过分冷静着实噎了"儿子"一下，他的声音低沉了下来。

"你真的认为自己没有活下去的价值？"

"没有。我连行走在这世上的勇气都没有了。你拿这把枪杀了我吧。"

"儿子"气得浑身颤抖，一把拍开了递过来的枪，枪转了几个圈滑到了柜子底下。

"你以为——我留下来是为了什么！"

那个下午再没有听到"儿子"的声音。老弗朗跪在衣柜前四处搜寻，背后传来少年的质问："你在干什么？"

"我在寻找我唯一的勇气。"

之后就再没有声响。

晚上的时候老弗朗听到少年把一摞什么东西摊在他的面前。

"这些都是当年你写给我妈的情书，不想听听吗？"

老弗朗无动于衷，"儿子"吹灭了油灯，映着从窗户洒进来的月光读了起来。

“……你的眼睛犹如宝石深深地吸引了我，你的声音令人心神荡漾，这世界上一切华美的词藻都是为你而生，但他们的总和远不及你的千分之一……”

“……亲爱的小姐，我虽然不知道你的姓名，但我被设定了永恒的程序如此地深爱着你，至死不渝……”

“……上帝让我遇见你是天底下最大的恩赐，让我这般狂热地迷恋你的身影，可怜可怜我吧！我的女神，我是这样一个痴情的可怜人，已经中了名为‘你’的毒药，不能自拔……”

“……让我重新介绍我自己，我名叫弗朗西斯·波诺弗瓦。上帝说：你只为她诞生，只为她毁灭，所以我奇迹般地出现在了你的面前，相信我，这是命运，是命运把我们紧密地连在了一起。是你，使我重获新生，寻觅到了生命的意义……”

“……不不，什么都不要说，不用急于回答我。你只要稍稍地怜悯我，告诉我：‘我爱你。我愿意。’我就能获得最大的满足……”“嗨，你可真肉麻，油嘴滑舌的老东西。”

每个字都是老弗朗埋藏在许多年以前——他一度引以为荣的记忆，那些传神地记录着多情的弗朗西斯、英俊的弗朗西斯、年轻的弗朗西斯、迷人的弗朗西斯的文字几乎具象成一柄锐利的刻刀一下接着一下划开他年迈的皱巴巴的心房。

“我爱你。我们是前世的情人。”捧着信纸的少年突然沉默，声音反常的狠毒，“一派胡言。”又抬起头问他：“做何感想？”

刚才一直不做声的老弗朗像是斟酌了一下，嗓音低沉干哑，像是粗糙的老树皮与皮肤接触令人感到不太愉快：“烧了它们吧。我已经不再需要它们了，留下来平添累赘。”

他的答案似乎出乎少年的意料，也看不出到底是满意还是不满意，只是顺从地拿了火盆摆在地上，擦火柴点着了信纸。隐约有一丝的动摇。

“也好，这屋子里又阴冷又潮湿，本大爷也想要暖和暖和。”

火舌尽情舔舐信纸大快朵颐，在深深陷入沉默的两人之间劈啪作响，毫不吝啬地吐露吞噬的快感。不断向盆中投入信纸的少年的脸被火光映得忽明忽暗，脸色不明缘由地愈发阴沉着。坐在对面的老弗朗不清楚这些，至少看上去他对什么都一无所知，一张憔悴的脸被时光打磨得过分平静，平静得如死人。

破旧简陋的小屋内外都浸泡在寒冷之中，只有火光饶舌着、聒噪着，无限放大那一脸贪婪而愚蠢的满足，假装隔离了这个世界。

在沉默和黑暗中光景似乎过得飞快，箭一般地飞向生者的尽头。

前后算算，约摸过了四五个月，难熬的冬天终于要过去，在家里闲得发慌的人们也终于有了些盼头。老弗朗似乎还是那样，只是经历了一季的折磨，行动更加迟缓，话也少了很多，一天到晚不知道在想些什么。“儿子”在某个清晨伸伸懒腰之后觉得自己好像又长高了几厘米，心情好转很多。春天大概真的要来临了，衰老的依旧衰老，年轻的却摩拳擦掌准备焕发生机。

在这长长的近乎停滞的冬季的夜晚，老弗朗睡得比往常都要深沉，几乎是在蛰伏，再没有什么鲜艳的梦境来叨扰过他。而这之后，在某一个嫩绿的新芽探出脑袋向大地张望的晚上，他又做梦了，梦中的景象异常清晰生动，他几乎能够听到自己的心跳声。

先前，不，是很久以前遇见的那两个年轻人长大了，身材高大，眉宇间是似曾相识的气概。两人骑在溅了鲜血的马上，持剑相对，背后传来战场特有的嘶吼与轰鸣，躁闷得如同狮子在喉咙中反复酝酿的咆哮——转眼是一片肃静伴随着哀乐，那个酷似弗朗西斯的年轻人身披盔甲跪在黑色的灵柩前，默念一句老弗朗听不太懂的话：“普鲁士已死，巴黎已死。”

老弗朗是被一阵玻璃碎裂的声响吵醒的，他披着外套坐起来，朝着一个方向问道："你在做什么？"

"儿子"不回答他，拉起他的手走下床，踩着满地细碎的玻璃碴来到一片空地上。

"我把窗户整个打破了。"

"你打破它干什么。"

"你知道阳光是什么颜色吗？"他听见少年对他说。

老弗朗觉得他没有恶意，摇了摇头。"我想我还能记得二十年前的阳光是什么样子，不过现在……"

"雨滴是什么颜色？风又是什么颜色？你知道吗？"

他又摇头。

少年又牵着他向前走了几步。

"你应该知道。现在，你就能知道了。"

窗外，是明媚的刚刚舒展开的阳光和初春拂过绿芽的微风。

窗内，是老弗朗和牵着他的少年。

等到春天真来的时候，其实谁也没发觉。老弗朗的精神越来越萎靡，终于有一天连下床的力气都丧失殆尽，终日倚靠在床上。这似乎是必然。

"儿子"也不知从何时起再也不为难他了，有时嚷嚷着要学做饭，看样子也只是说给老弗朗听，实际上并没有多大改善。又有时他会带回来一些外面的消息，多是把别家的新鲜故事讲给老弗朗听，老弗朗也不做评价，倒是少年的见解颇多，非要发泄几句才肯罢休，当真是青春的年华。

老弗朗也意识到了，自己所剩寥寥的生命正在飞速地流逝，流到他终究要去的地方。他反而感觉越发的平静，过去的生活无论多么痛苦、多么起伏，在无穷无尽的时间面前都太过渺小，连一粒沙都算不上。他的种种心境——无论是愧疚还是仇恨——被上帝之手越拉越长，逐渐趋于一条直线，正如一杯盐水被不断稀释，尽管还能够回忆起当初是如何的咸涩，但如今，它只是一杯无味的白水而已，再没有那么复杂。

“儿子”似乎察觉到了他的想法，在窗外养了几只鸟，每日喂食，叫它们为他唱歌。

清晨，确切来说是太阳刚刚从地平线上升起的时刻，老弗朗叫醒熟睡着的“儿子”，让他扶他下床。暮春的早晨依旧寒冷，门外的草地上蒙着薄薄的一层青绿，老弗朗坐在窗前的藤椅上，身上盖着一件还算体面的长外套，少年立在他的旁边。

“给我梳梳头。”他说。他仰起头，少年翻箱倒柜翻出了他母亲曾经用过的梳子，有些生疏地打理这一头金发。

老弗朗舒服地笑了，他终究想要体面而光彩地离开。

当屋内终于变得温暖，窗台上的几只小鸟清清嗓子开始唱歌。它们的调子高极了，旋律却隐约透着香颂的味道。

“好孩子，”老弗朗招招手，“来，靠近一点，让我能碰到你。”

少年放下梳子蹲在他的手边，老弗朗摸索着握住他的手，放在他略微起伏的胸口。

他侧过脸，费力地挨到少年的耳边，轻声地说道：“巴黎未死。”

少年瞪大了眼睛看着他，老弗朗像是看到了什么，咧嘴笑了起来，似乎对少年的惊讶感到满意。

他紧紧地握着少年的手，仿佛用尽一生的力气，缓缓地开口。

“我还记得你，基尔伯特。”

老弗朗在清晨的阳光中垂下头，跟着上帝去了充满光明的窗外。

有两颗石子从房顶上落了下来，砸在窗台上，滚落到了老弗朗的脚下。

西窗烛影

辛梦瑶

豆大的烛光在砖墙上扯出一道长长的影子。

昏暗的灯光下，一个青年的轮廓被似是而非地勾勒出来，显得神秘而恍惚。窗子外面下着雨，雨声几乎盖住了那沙沙的笔声，还有青年急促的似是要激动到了极点的呼吸。有时一道意料之外的闪电劈向大地，借着突如其来的光亮隐约能分辨青年的神情。

青年的双眉紧蹙，抬头纹在他的额头横行霸道。他抿紧了双唇，似乎是怕抓不住某些转瞬即逝的东西，显得紧张而严肃，然而双眸之中却透露出不知名的闪光，炯炯有神；原本干瘦惨白的双颊也不知名地散开一抹宝贵的红润，显得无比生机盎然。他的精神自然是极好的，原本的几缕熬夜的疲倦，与早些时候从收音机里听来的愤慨，也都在此时逐渐分解成了其他的些许。

有时青年也会疑惑，会困顿，会百思不解，会抓耳挠腮，然而片刻的雨声之后，青年又伏在案上，浑身透着一股不可名状的狂热。

那笔声却从未停止。若细细地看，会发现青年修长干净的手上在虎口处有道细小的疤痕，那是以前学医解剖时留下的痕迹。这样一双手，适合握笔也适合架上一把手术刀，仿佛这个青年天生就是为了治病救人而生。再看他的身上，是一件并不崭新却很干净的大褂，被阴影笼上了一身洗不去抹不掉的灰色，一种发旧的历史的灰色。

其实也说不上是青年了，一字的胡须像是一道刻意而为之的痕迹，昭示了岁月走过的足迹。原本就不显年轻的面容常常被一种文人的忧郁所笼罩，然而仔细地分辨，却与平日里那些在庭院中踱来踱去伤春悲秋的文人不大相同。那是一种极大的愤恨与悲哀，月光也无法照亮一个真正的答案，一个可以从这遍及神州大地的哀嚎中解脱出来的答案。隐隐地，青年的脸上又有些希望，但更多的是平静，平静得有如窗外的雨声，一声一声蕴藏着力量。

人们常常想象青年的胡须下是怎样的伶牙俐齿，然而他经常是沉默的，抿着双唇，将满腔失望的怒火在肚中耐着性子磨成一把把匕首，再用细长的笔杆洋洋洒洒铺满整张稿纸。

笔杆倏地一顿，借了烛光的影子拖行着长长的尾巴逶迤，落在纸上仿若一条不见首尾的龙。青年终于从纸间抬起头，脊梁挺得笔直，又或者长舒一口气靠在椅背上，仿佛又唤醒了一个铁屋中的灵魂。

青年收到了几封来信。有几封信纸较为厚实也较为精致，散发着一股昂贵的味道，是东京的旧友寄来的，讲了讲曾经的校园，讲了讲当今的局势，还勾勒了一幅虚妄的未来之景，言辞激昂愤恨，是惯有的模样。青年通读过后便放在了一旁，取来了那叠较薄的信件——几个在上海的青年，办了一份杂志，誓要将德先生、赛先生带到中国。青年也投过几篇文章，心中积蓄已久的呼喊变成小小的铅字印在纸上，虽然简陋，却在青年心中扬起希望的激流。他在烛光中，忽然想起了当初与碑文为伴的孤独，那孤独缠绕着他的灵魂，让他无从解脱，只得放任自己沉浸在历史的无声之中。

后来又是一位故友打破了这份孤独。在参天的大槐树下，在夏夜孤独的蒲扇与蝉鸣之中，叶的阴翳在他的脸上摇摆不定。

“你抄了这些有什么用？”

“没有什么用。”

“那么，你抄他是什么意思呢？”

“没有什么意思。”

“我想，你可以做点文章……”

他的心像是被那虫鸣一声声勾了出来，只有借着这微弱的月光才能打量，看清其上翕动着的寂寞的纹路。然而他又不那么确信，害怕这样的悸动又会变成那些司空见惯的淡漠与悲哀。

“这本身就是一间铁屋，你我困于其中，何必要来叫醒我呢？”他这样不安地揣测。

“然而几个人既然起来，你不能说绝没有毁坏这铁屋的希望。”他听见故友这样回答。

故友向他望去，一颗心怦怦地跳动着，仿佛望穿了他用月光与沉默铸成的脆弱的城墙。孤独瞬间变得不堪一击，从他的指缝间洪水般地流走，冲刷着这间鲜人问津的宅院。

他的喉结像一枚小小的橄榄上下滑动，接着用干涸了许久的声音说：“好。”

他不知道故友是否能捕捉到这几不可闻的回应。他只知道，这一个字在他的身体中不断地回荡，大得足以让整个中国振聋发聩。

青年开始了以笔杆为生的生活，这生活有些艰苦，却令他感到解脱。铁屋中他被炙烤得无比滚烫的灵魂终于获得了等待许久的自由，现在，他又要用这灵魂去解救更多被困的青年人的灵魂。他在一个又一个等待黎明的黑夜中解放他奔涌的思泉，让他的脚步般的雨声，打在咸亨酒店的屋檐，打在小路对岸的瑜儿的坟上，打在单四嫂子赊了钱才买到的棺木上，打在尚未被剪去的辫子上，打在二十年前月夜中的鲁镇，打在许许多多无辜却又可悲的平凡人的梦中。

这是一九一九年或一九二二年的一天，又或者，是青年在许多年后的深夜里所做的难以抗拒的一个梦。梦中的青年焦急地用文字诉说着内心的焦虑与渴望，那时他的文章尚未被称为“投向敌人的匕首与投枪”，只是内心有个声音在急急地催促道“快一点！再快一点！”恨不得下一刻脑海中所有奔腾的话语都顺着笔尖喷涌而出，在纸上汇聚、流淌。

那时的青年伏在案上，雨声中摇曳的烛光如豆，扯出一道长长的影子。

官作自有程，举筑谐汝声

冷昊庭

建安十三年冬天，许昌。

这一天下雪了，雪很大，很狂野，很罕见。没有风，只有雪，因而窗外十分安静，以至于有些死寂。这正是文人骚客的至爱。

陈琳却要无聊死了。由于这种漫天飞雪的天气，他出不了家门，便更无聊了。不过他知道门外是什么样的光景。就算天气温和得让人欢喜，街上一样是死寂。不仅是街上，甚至城外方圆几十里、几百里都是一片死寂。

男人们都去打仗了，不论是农民、工匠还是生意人。若是懂些金石工的，就被派去造武器、铠甲；懂点儿机械木工的造攻城器和船只去了；倒也有人种地，不过那都是军田。

孩子都差不多饿死了，有的学会要饭，但却没有施舍的人——大家都一样穷。女人们没饿死的便被卖到花柳之地，不过一样也要饿死，因为已经没什么人逛窑子了——大家都一样穷。

陈琳没有去打仗，他的家人也没有饿死，他还很有钱。他无聊不但是因为他受不了这种死寂，还因为在这种时候那个无良尚书荀文若竟然还让他写一篇枯燥无味的抚民诏。

“怪不得叫荀文若，”陈琳喃喃道，“连这种东西都要叫我来写，文笔确实弱得可以。”

他抬起笔，又蘸了些墨，刮了刮笔，却忘了刚才要写什么了，抬头又看见惨白的素窗纸，他一下子爆发了。手中笔飞了出去，墙上顿时长出一枝墨梅。

“怀瑾，去找辆车来！怀瑜，告诉夫人，咱们出城走一走。怀璟，去收拾东西！怀璋，去告诉那个荀尚书，说我可能没法按期完成，去问他这事着不着急。唉，到了许昌，日子一天比一天无聊了。”

陈琳心里一直在琢磨另外一件事。他的老同事、曾经的大将军何进长史王谦的儿子王粲投奔刘表十五年，如今丞相攻下荆州，陈琳在想这王粲是归顺了呢，还是死命抵抗呢？陈琳比王谦小很多，算是王粲的一个大哥，教过他文章义理。陈琳记得王粲聪明至极，文章奇绝，而且还精通算术，但身体弱一些，经常生病。

这会儿，陈琳又想到他自己当初的那个选择。

当年袁绍败北后，在冀州死守了几年，镇压了一次起义，最终在建安七年一个桃花盛开的春天里吐血八斗而亡。等曹军攻过来时，陈琳觉着冀州人杰地灵，风光壮丽，死节于斯是件浪漫的事，便用了十秒钟打了个腹稿，决定这回不仅仅给曹操背一遍自己写的檄文，还得把曹参、夏侯婴给骂一遍，最后再骂一遍夏禹。可没过几天，他就听说，许昌虽然没有北方这么冷，但雪下得比北方大。这一下，陈琳找到了更浪漫的事物，便放弃了原计划。

一般来说，人们会为了一些奇怪而滑稽的理由而放弃一个壮烈而宏伟的想法，可是当事人对此通常还毫不知情。陈琳觉得自己在这一点上是高人一等的，毕竟他知道自己是为了看许昌的雪景才投降的。

今天他才明白，任何浪漫的事都会被一个没文采的老头子毁掉。

就在他快有一点诗兴的时候，怀璋进来了。

陈琳从没想过会在这个节骨眼上被打断，便忿忿道：“怀璋！我一向很信任你的，怎么回事？没去尚书府吧？这一点你不用骗我，我很清楚去一趟荀文若那儿再回来至少得要四个时辰，因为那个偏执狂一定会把你当成他要进言的对象，然后疯狂地练习。所以，怀璋，你干什么去了？”

怀璋的嘴张了大约有那么一会儿，这会儿已经足够把陈府上的马喂一遍了，当然也足够救济一条街的穷人。

陈琳继续道：“说吧，是不是遇上什么人了？”

怀璋连忙点头。

“客人？”

怀璋又点了点头。

陈琳冷笑道：“那你就让客人等着，却在这儿跟我傻乎乎地张着嘴？行了，赶紧跟荀尚书说我这儿有客人，他若有兴趣来也好。”

陈琳出去后，怀璋分明听见一声欢呼。

客人是个瘦小的中年文士。陈琳看见他时并没有上前问候，而是站在那里观察他。陈琳觉得他认识这个客人，但又不确定。记忆中的那个人并没有眼前这位文士这么帅。不过陈琳依然有一种莫名的兴奋感。他觉得来者正是他所等待的那人。

客人倒是先行了个礼，微笑道：“陈掌书，鄙人冒昧来见，还请恕罪。”

声音中那种不屈的火焰绝对错不了！

陈琳大笑道：“王仲宣！一定是你！怎么，终于回到天子脚下了？”

客人看上去很惊喜，不过多数是由于某种综合征。“老实说，我从没想过你能记得我，孔璋兄。这已经过了二十年了吧？”

“哼哼！咱们一个奔冀州，一个去荆州，原本有机会早些重逢的，不料刘景升大笨驴死也不出兵。该不是你仲宣的主意吧？”

“不好意思，你猜对了。”王粲笑起来全身上下都在抖，“这种事本是个不幸的巧合。我见到孔璋兄的檄文了，却没认出来你的文笔，于是我便断定袁绍是个只会写文章不会打仗的人，便一通好说歹说才把那个白痴劝住。讽刺的是，这是十五年来他唯一一次听了我的主意。不过，孔璋兄，尽管驴是挺笨的，这些家伙叫起来还是蛮可爱的。”

“啊，这我倒想起来了，仲宣喜欢听驴叫，不知荆楚的驴与中原的驴有什么不同呢？”

“这个嘛，还真是有的。那地方的驴总是虚张声势，真正叫起来却还没有一只麻雀声音大。只有它们站在那里不动时才能显出半点儿可敬之处。”

“话说，”陈琳尴尬地停顿了一下，“话说我们这是在干吗呢？为什么不坐下聊？”

王粲提到了他在门口遇到的那个姑娘。

“你说怀璋啊？她是我相当信任的一个人。”陈琳说到这儿已经十分得意了，“天生丽质，文质彬彬，不紧不慢，上哪找这种好姑娘去？”

王粲咕哝道：“荆州倒是有……”

可惜陈琳虽然上了点儿岁数，耳朵还没有聋，反而更尖了。“荆州？请问那位是荆州牧之妻，还是尊夫人啊？”

王粲直摇头。“我还没疯，只不过我对这类事的概念还停留在十五年前的水平。”

“我停留在二十五年前，都差不多嘛！”

这时一名素衣女子将茶端了上来，一双玉手柔若无骨，人似秋水般沉郁宁静，浓得可以醉石，雅得可以登天。

王粲不禁道：“你的头号侍女？”

“对，她叫怀琳。”

“好名字。我见她有几分像赵飞燕。”

“你见过赵皇后？”

“我还没那么老，只是梦见过。”

“只怕那是什么司空府上的大小姐吧？”

“说对了。不过她还有几分像貂蝉。”

“所以呢？我是不是——”

“下面我要说重点了。”王粲突然严肃了起来，“人是很美，怎么夸都不过分，但这茶就是再名贵也不过是茶。我们分别了二十年，如今我不远万里从蛮夷之地来到中原，不是为了喝这种水煮叶子的。所以，我有一份惊喜给你。”

“酒？南国烈酒？”

“不不不。这还是你告诉我的：饮酒伤身，还浪费粮食。”

“那我明白了。临宣！”

一名甲士走了进来，对陈琳毕恭毕敬道：“掌书大人，您吩咐。”

“去，把龙爪浆拿来。”

“龙爪浆！你是说龙爪浆！”王粲看起来惊喜望外，“慢着，这可是我留给你的惊喜！我花了十五年——”

“胡说，十年前我就收到过样品，是刘表送给袁绍的，我也分了一杯。”陈琳十分不以为然，“如果你有兴趣，我还有改进版的。”

这龙爪浆是夏启养龙时偶得的。当时杜康的传人正研究龙涎酒，却不小心把龙爪投进了缸里。龙爪浆会让饮者有一种被龙爪拍过的感觉。然而最后一条龙在周平王迁都洛邑后逃入野外，自此龙爪浆便失传了。王粲用他超强的数学能力计算出了龙爪的十七种替代品以及五种替代杜康古法的制作工艺。在冀州，陈琳则用的是农人与医者的实践方法以及贵族、皇室藏书中的知识解析了刘表送来的样品，还开发出了三十六种衍生产品。

至于陈琳这回拿出的龙爪浆，是以龙爪槐为主料，玫瑰为辅料，取的是天山融雪。这样人会先感到有位西域的姑娘踏着玫瑰花香翩然而来，然后自己就挨了一闷棍。

这玩意儿倒不会像酒那样使人意乱情迷，满口胡言。但无论是谁，挨了好几闷棍后都不会太清醒。

“我突然有种奇怪的感觉。”陈琳呻吟道，他已经喝了三杯了。

“一个胡姬亲了你一下？”王粲还要惨些，他喝了五杯，现在完全是倒在桌子上。

“我是说，我们有可能死在同一年。”

“我也这么想的，可是为什么呢？”

“因为你来许昌的这一年孔文举被丞相一刀砍了。”

“啊哈！孔融？”王粲忽然因为自己想起这个人是谁而感到欣喜，进而大彻大悟地悲哀了起来，“可恶，我得再来一杯。这消息实在不好。”

用玉杯盛的清澈的液体被王粲一饮而尽。他直起身来，看起来十分惬意，然后“啃”的一下倒了下去。“孔璋兄，你……你怎么不喝？”

“喝自己的总是会心疼。不过既然这样，”陈琳喘息着直起身来，“随便来个人！送十壶玄武液给荀尚书，就说陈主簿家有客人，所以请尚书大人不要着急。”

“嘿，还不是因为你老了。”王粲虚弱地笑着，“不过不惑之年也不算老。话说玄武液是什么玩意儿？”

“是种喝了之后会觉得自己被压进王八壳子里的玩意儿！”陈琳似乎一下子振奋了，“王八壳子！不仅适合荀文若，还适合孙仲谋、刘玄德以及所有人！”

“没错！夺米你刻我必死扛母！”

“什么？”陈琳怀疑自己的意识已经不太清楚了。

“这是大秦的语言。”王粲颇为自负，“意思是什么孔圣人惠泽万民。”

“对，孔圣人也可以……管他呢！来，接着喝……”

龙爪浆一类的饮品不至于损坏中枢神经，但的确有人曾被意识中的闷棍打死。他们以为自己死了，于是就停止了心跳和呼吸。如果发生了什么事能让他们想起自己还没死，他们便会活过来。

后人所编的《后汉书》中记载了这样一种“起死回生”的事情，不过书中却漏掉了两点：一是主人公家十分有钱，可以说是富甲一方；二是当时已经有人研究出了制造龙爪浆的新工艺。《后汉书》的官方解释称，能起死回生的人家族中必出一位超世英才，进而便考证出此家族中出现了曹操。然而事实上十分讽刺的是，曹操竟有如此白痴的一位祖先，难怪在很多事上欠考虑。

陈琳就在痛斥曹操的欠考虑，这是在他十杯龙爪浆下肚后。王粲已经喝了二十三杯了。

“这简直是在劳民伤财！打什么孙权、刘备，无非是想建功立业！把老百姓当什么人了！我可还听说，这曹孟德还想在邺城建个游乐场，这得伤多少民力！还不如打仗去呢！男儿宁当格斗死，何能怫郁筑长城！”

“天下统一了，人民才能安定……”王粲说话已经有气无力了，“为了最终活下来的人民的幸福，别的人就都该为之送命……”

“你去看看许昌吧！那可是帝都！你看现在成什么样子了！你想想，这样的政权就算威加海内，又有多少百姓能以之为故乡？这绝非长久之计！”

“那是……因为没有猛士守四方……这就是精英政治，孔璋兄，你不得不承认这可以开万世太平，像秦一样。秦再残暴，毕竟扫六合，一统天下……况且，你再喝一杯可以让你安静些……”

“你这是野心家的毫无人性！不过你说得对，我得再来一杯。我现在太兴奋了。”

陈琳喝下了第十一杯，“啊”的一声之后，安静了一时半刻。过了一会儿，怀璋回来了。她没敢去厅堂，因为那儿太安静了，于是她直接去找怀琳了。

安静是暂时的。王粲缓过些后，也明白些了。“你说，咱们的谈话是不是大多是废话啊？”

陈琳立刻表示赞同："不仅是谈话，我这一天的大部分时光也毫无意义。白活了啊！"

"没错！但既然我终于明白了，何不庆祝一番！孔璋兄，你请了！"

"仲宣也请了！"陈琳亲自给斟上这种稀世奇饮。王粲痛饮了三大杯后，他病弱的身躯终于承受不住精神上的闷棍，晕了过去。陈琳则品尽了最后一杯，满足地被击倒在桌上。夫人连忙叫来怀琳和怀璋，把陈琳搀回屋，还派临宣把王粲抬到厢房去。过了一会儿，有一名骑兵赶来，说荀尚书请王粲先生去荀府上一坐，被夫人给打发回去了。

据说荀文若非常喜欢玄武液。每次见曹丞相前都要喝一些，以增强某种安全感。可惜最后他死于安全感过强所导致的短周期内迅速幻灭。

命运审判夜

方文正

演员表

原告杨玉环——Cocoa 胡可

被告李隆基——Frank 施博洋

法官威廉·莎士比亚——Harold 冷昊庭

检察官李白——Eva 韩靓

律师拿破仑·波拿巴——Vincent 方文正

被告证人安禄山——Jacky 赵家佑

原告证人西格蒙德·弗洛伊德——Martin 赵鼎轩

陪审员（光明）命运三女神之克罗托——Sherry 靳天宇

陪审员（中立）命运三女神之拉切西斯——Christina 沈心悦

陪审员（黑暗）命运三女神之阿特洛波斯——Cynthia 辛梦瑶

第一幕

（幕起，法官、检察官、律师、原告、被告五人走上台中，以同一种姿势V字形伫立，之后轮流发言并以某种顺序变换方位。舒缓配乐。）

原告：我们曾是历史这台大戏上的主角。

被告：现在我们仅是这个舞台上的配角。

检察官：我们的思想、我们的梦境，给予你们永恒的启迪。

律师：我们的光荣、我们的王国，仍是你们怀念的传奇。

法官：而最终，我们的所作所为、所思所想将受到你们的评判。

原告：责任、爱情、承诺和美满的童话，

被告（接）：帝位、权势、欲望与无尽的荣华，

检察官（接）：哪些是我们所追求的？

律师（接）：所向往的？

检察官（接）：所忽略的？

律师（接）：所忘却的？

众人：在这里，天国卫视每周日黄金时间直播的特别节目"命运审判夜"历史法庭即将揭晓。欢迎各位的收看！（配乐淡出）

法官：我是英格兰来的威廉·莎士比亚，担任此次审判的法官——人们誉我为全能的剧作家和诗人，而我期待着能够公正地审视即将发生的历史剧、喜剧或者悲剧。（后退，就座。）

被告：朕是大唐王朝的至道大圣大明孝皇帝，曾开创了开元盛世的唐玄宗李隆基。这次虽然被最宠爱的人所背叛成为被告，但朕相信这项指控绝对不会成立！（退入席）

原告：不，陛下，它是会成立的，这是我人生中第一次作为原告杨玉环而非您的贵妃面对您，我绝不会退缩。（慢慢退入席）

检察官：真是抱歉呐，陛下，您曾经的臣下受您曾经的妻子的委托来控诉您——我李白站在女性的视角上以检察官的名誉起誓——您没有任何可能逃脱公正的判罚！（入席）

律师：在我的法典中，没有不可能这样的字眼。法兰西的帝王、欧洲的奇迹缔造者——拿破仑·波拿巴在此为了被告的人权、清白和名誉为他辩护。（最后一个入席）

法官：庭审，现在开始！

（法官说着重重敲响手中木槌，干咳一声戴上老花镜。）

法官：本期历史法庭要审理的案件，是杨玉环诉李隆基案。天堂纪年3223年3月23日，曾为青史留名的最佳伴侣，现为天堂Dota国际大赛最佳战队领导的李隆基与杨玉环，在天堂大学学生第一食堂发生严重争执并用锅铲和馒头大打出手，直打到稀粥共剩菜一色，饭勺与铁盘齐飞，最终不欢而散。据推测与一周前两人所属的天堂Dota最强之大唐战队内讧解散事件有关。当夜，原告杨玉环被发现在宿舍门口，有遭受更加严重暴力殴打的痕迹。

检察官：岂止是殴打，法官大人，原告三处骨折，七处瘀伤，此等暴行，是可忍，孰不可忍！（猛然站起）

被告：什么？大胆李白，你一介布衣竟敢如此污蔑朕……（拍案而起）

法官（敲响木槌）：秩序！（两人互瞪一眼后悻悻坐下。）是的，而被告李隆基作为最大嫌疑人受到公诉。下面请公诉方陈词。

检察官（踱步到前台）：有道是，天姿惹出安史乱，至今西风哭白绫——众所周知，早在千年前的古代，原告与被告就曾是在天愿做比翼鸟，在地愿为连理枝的神仙眷侣——直到大唐天宝十五年李隆基下令处死杨玉环为止——而现在，这幕惨剧又一次在天国的最高学府上演了！检察官李白代表人民起诉你违背了《罗马法典》和《汉谟拉比法典》，根据故意伤害罪条例应判处百年以上有期徒刑，剥夺魔兽世界账号、学生会主席职位终生！

被告：你——朕——（站起，被律师按住。）

律师：稍安毋躁，阁下，请您静候佳音。法官阁下，辩方要求陈词。

法官：准许辩方进行陈词。

律师（走向前台）：的确，被告不否认这是一桩严肃的刑事案件，甚至是自从上次某只猴子大闹天宫以来天堂发生的最严重的恶性事件。但正因如此，我不能允许无辜的委托人受到无端的指控——被告要求传唤证人一号！

法官：准许，传唤证人一号，前大唐三镇节度使、安史之乱祸首、现天堂 Dota 最强任天堂战队队长安禄山。

（电子乐响起，被告证人戴耳机穿夹克陶醉地走上舞台，律师走到他身边。）

律师：哦？你不是重三百斤吗？安禄山，减肥啦？

被告证人：回大人，小的用了碧生源减肥茶……（点头哈腰状）

律师：你瞧，这位缠着绷带的女士，你是否认识？（指着杨玉环）

被告证人：杨贵妃是我的干妈啊！还有陛下是我的干爸——（被律师制止）

律师（咳嗽一声）：够了！你认她为干妈，是想要干什么？

原告：反对，我认他做儿子还是千年以前！

法官（敲响木槌）：原告抗议无效，证人回答询问。

被告证人：当然是为了发动安史之乱啦，这还用说嘛！（痴傻状）

律师：我是问现在在天堂，不是过去在大唐。

被告证人：哦，当然是为了过把最强战队的瘾啦，这还用说嘛！

律师：好，那么，杨女士这个干妈，在你的最强战队计划中起到了什么作用呢？

（听到这里，被告证人摘下耳机，打了鸡血般露出了自大的凶相。）

被告证人：哼，万幸啊万幸，李隆基你沉溺女色（律师发现不对，试图阻止，未果。），最终竟然闹得整个战队分崩离析，什么最强战队，还不是不堪一击？唉，李隆基，把你踩在脚下，我千年的梦想……

律师（把证人推开）：谢谢安禄山先生，证人询问完毕。各位，根据这可靠的第一手证词，真相很明显只有一个——原告杨玉环才是此次天堂 Dota 最强之大唐战队内讧解散事件的罪魁祸首、始作俑者，正是她与对手相勾结……

原告：拿破仑！

律师（看了原告一眼）：相互勾结才造成了现在祸起萧墙的惨剧，与历史如出一辙。因此我认为，我的委托人才是此次事件的最大受害者！（准备回席）

检察官（冷笑）：哈哈，那也应当是建立在这“第一手证词”可靠的基础上吧？

律师：什么？

检察官（转向法官）：控方请求传唤证人二号！

法官：准许，传唤证人二号，伟大的心理学家，精神分析学的创始人，天堂大学心理辅导教师西格蒙德·弗洛伊德先生。

（原告证人穿着睡衣戴老式花镜，手提公文包，睡眼惺忪地走上舞台。）

被告证人：哦呵呵呵，还没我帅呢。（嗤笑）

律师：哼，原告找来的所谓证人，认为穿着睡衣可以出庭吗？

检察官：弗洛伊德先生可是在出诊时也身着睡衣的，这是他的标志——请问，您三个月前是如何诊断您的病人安禄山的？

原告证人：第三十七号病人吗？他有严重的俄狄浦斯情结，即恋母情结，相应的产生弑父情结，表现于对权力、财富和爱的极端渴望。这属于心理防御机制理论中的补偿，用于掩盖自己的自卑与不安全感，由此可见他成长过程中缺乏母爱，取而代之的是妄想与谎言。这种病人不适合作证人。

被告证人（摘耳机，站起。）：我已经有妈妈了！我不缺少母爱！（被律师按下，戴上耳机。）

检察官：那么，能否请您简单概括一下呢？

原告证人：简单来说——他变态了。

检察官：那么我们的被告呢？

原告证人（从公文包中取出放大镜，边说边打量被告。）：嗯，根据我在《梦的解析》里的理论，这真是个有趣的病例——本我和超我压制自我，重视道德规范却又是极端纵欲主义者——这是一个皇帝吧？哈哈！

（眼见不妙的律师连忙打断，同时被告愤怒地站起。）

律师：我反对！我认为这是对皇帝这一崇高职位的侮辱！

被告：异端邪说，妖言惑众！朕命令你住嘴！（抓起公文扔到原告证人身上）

原告证人：这是科学的理论，你们早就过时了，古董！

检察官：你们这些自大狂，要知道，功名富贵若常在，汉水也应西北流！

（被告忽然冲出，揪起原告证人衣领，律师试图制止。检察官保护原告，法官打断。）

法官：秩序！秩序！住手！秩序是实况直播的重要保障，而你们这是在天国卫视亿万过去、现在和未来的观众面前蔑视法庭！现在宣布暂时休庭，由陪审团进行讨论！

被告（扫视众人）：太过分了！（冲向原告）

律师：阁下，阁下！

法官：保安！保安！

（灯光渐暗，众人下，幕落。）

第二幕

（陪审员三人戴着三色面具穿长裙走上舞台，按光明、中立、黑暗分别站立，面向观众，悲凉配乐响起。）

光明：我是众神之王宙斯最小的女儿，命运女神克罗托，掌管生命之线的诞生。

中立： 我是众神之王宙斯的二女儿，命运女神拉切西斯，控制生命之线的长短。

黑暗： 我是众神之王宙斯的长女，命运女神阿特洛波斯，决定生命之线的灭亡。

中立： 我们是希腊神话中的命运三女神。作为“命运审判夜”历史法庭的陪审团成员，（光明加入）向观众朋友们致以最崇高的敬意，（黑暗加入）感谢你们贡献的每一元票房。

（杨玉环被士兵追赶着上舞台，唐玄宗跟随。）

光明： 大唐王朝天宝十五年六月十四日凌晨，成都府郊外一个名叫马嵬坡的地方，唐玄宗李隆基任凭怒火中烧的手下，杀死最宠爱的贵妃杨玉环。惨遭横死的贵妃被看作勾引帝王、祸国殃民的象征，殊不知当年正是李隆基从自己的儿子身边夺走了杨玉环，沉湎女色不能自拔。

（旁边唐玄宗无奈地下令杀死杨玉环，看着军士勒死她，转身叹息下场。）

黑暗： 很久很久以后，天堂纪年 3223 年 3 月 23 日的午夜，天堂大学的宿舍门口，李隆基再一次伤害了杨玉环——为了自己学生会主席和战队队长的职位。而这一次，忍无可忍的杨玉环终于将李隆基一纸诉状告上法庭。

（杨玉环起身，指着李隆基无声地控诉，李无言以对。）

中立： 新仇和旧恨交织在一起，面对这两人如麻的恩怨，姐妹们，你我该如何判决？

光明： 有罪，被告当然有罪！他对原告始乱终弃，还把她当作替罪羔羊，甚至还重复了两次，这不是罪还有什么是罪！（走向杨玉环将其扶起）芙蓉如面柳如眉，对此如何不泪垂？

黑暗： 无罪，被告应当被释放！小妹，被告作为开创了开元盛世的帝王，为了国家的利益抉择有什么错？现在小小的家庭暴力哪里值得判刑？霓裳舞破太平歌，莫道佳人遗恨多！

中立：不要吵了你们俩，观众还在看着呢——一个男人辜负自己最心爱的女人有没有罪？一个帝王让自己的国家崩溃有没有罪？一个男性帝王为了不让国家崩溃辜负最心爱的女人有没有罪？历史没有给出答案，你我岂敢妄下定论？难啊！

（灯光暗，众人下，幕落。）

第三幕

（法官、检察官、律师、当事人和两名证人各自归位。）

法官（沉痛地）**：**秩序，最终还是回来了，之前，由于当事人的灵魂出现了小小的技术性故障，我被迫休庭。好在我们强大的安保力量已经恢复了秩序。

律师：咳，法官阁下，请您加快进程。

法官：哦？进程？咳咳，好的，我们已经经过了双方陈词和传讯证人，陪审团和观众相信也已经掌握了案情，在等待结果的同时让我们进行最后一个环节——自由辩论。（敲槌）

检察官：支持原告的观众朋友们，请拨打热线电话 010 — 62042244 表达您的热情！

律师：喂，李白，这里可是法庭，不是幸运 52！

被告证人：严肃地说我更喜欢 SK 状元榜。（站起，严肃地说。）

检察官：那又如何？现在是公众的时代，你们这样的皇帝再也无法为所欲为了哦。

律师：公众？说得好，让我作为启蒙时代的革命者，教你看看什么是民主言论。《大唐日报》《天堂周末》昨日联合发表社论《杨玉环——红颜祸水中的战斗机》，将原告列为历朝历代红颜祸水之首！超过貂蝉、慈禧、西施、吕后和玛丽·安托瓦内特！正是她的勾引使得被告纵情声乐犬马，才会先毁掉国家现在又即将失去战队队长、学生会主席职位！刘邦、朱元璋、约瑟夫·斯大林和我法兰西的路易十四均支持此观点，即——杨玉环女士没有资格站在受害者的位置上，她只是一个时代的妖孽。

原告证人：这是历史错误观点对社会集体无意识的误导。

律师：哼，这是哪个世纪的无稽之谈？

检察官：够了！原告勾引被告，祸害他人江山？不如说是原告只是被告的受害者，他替罪的羔羊！（走出席位）

原告证人：没有一个帝王会因为外在的勾引而堕落，而是抵抗不了自己内心的诱惑。

检察官：说得好！每个人都有自己自由之意志，做自己自由之选择，被告自己咎由自取毁掉了一切，却反过来将责任推到深爱着他的人身上，不管他是过去的九五之尊还是现在的一介学生，都只是懦夫和罪人。今人不见古时月，今月曾经照古人，就是因为有你这样的道学家为他辩护，才会让悲剧再次上演！（返身坐桌上）

律师：你……你……（在斥责声中一步步倒退，说不出话来。）

被告证人：好可怕，好可怕啊……（瑟缩在律师身后）

被告（焦急地）：喂，快说点什么啊！

律师（苦笑，耸肩。）：抱歉，阁下，咱们好像遇到滑铁卢了。唉……

法官（拿起公文）：咳咳，原告方的发言非常精彩，陪审团已经送来了判决结果。

（此时，一直高傲的静坐不动的被告忽然激动地冲到了原告面前。感人的舒缓配乐响起。）

被告：稍等！玉——玉环，请再给朕，不，我一次机会吧。长生殿内的诺言我至今还记得，我答应你，无论是白山黑水、塞上牛羊还是隐居田园男耕女织，我都愿意陪你看着蓝天白云过最平凡的生活——不要再上诉、争吵了，跟我走吧，趁现在还来得及。（热切、悔恨地恳求）

（原告缓缓地站立起来，用哀伤的眼神凝望着被告。原告证人不屑地伸懒腰、低头睡觉，检察官不屑地返回席内，扇起折扇。）

原告：陛下，您还不知道吗？咱们的故事，早已经被叫作《长恨歌》了。从在马嵬坡我听到你同意士兵杀死我来平息怒火的那一刻，“六军不发无奈何，宛转蛾眉马前死”的那一刻起，您和我就早已恩断义绝了。（摇头）

（长久的寂静，直到被告终于激动地咆哮起来打破沉默。）

被告：你，你以为朕，不，我想看着自己最心爱的人被部下杀害吗？但不这样，大唐已经风雨飘零的江山就会当场崩溃啊，我还有别的选择吗？你们说我咎由自取，我要承担责任——我千年来那么多孤灯挑尽不能眠的夜晚都在吞下苦果啊！（停顿，转为颓然。）算了，多少年刑期都可以，背负下什么骂名都可以——宣判吧！

法官（苦笑）**：**有罪，还是无罪，这还真是个大问题，这出大戏会怎么收场呢？（打开纸张，愣住了。）狡猾啊，你的名字叫命运三女神！她们给我的答复，是空白。

众人：什么？

（又一次长久的沉默，最后的配乐响起，法官带领众人缓缓走上前台，站成一列。）

法官：一千个观众心中，就有一千个杨玉环，一千个唐玄宗。

检察官：“迟迟钟鼓初长夜，耿耿星河欲曙天”是他们的故事。

律师：“天长地久有时尽，此恨绵绵无绝期”是他们的命运。

原告：有人看到责任、爱情、承诺和美满的童话。

被告：有人看到帝位、权势、欲望与无尽的荣华。

原告证人：没有人能凭借自己所见去审判历史，决定对错。

被告证人：但我们希望“命运审判夜”历史法庭的探讨能为大家带来启迪与思考。

法官：感谢收看！

所有人：下期再见！

（配乐：新贵妃醉酒响起，众人谢幕，幕落，全剧终。）

我要去一个很远的地方

李怡辰

一节，两节，三节……

他数着脚下的台阶一步步下降着。“门诊部”三个红色大字从他身后缓缓露出。第一次，他觉得这些坚硬的、排布切割一分不差的冰冷石头如此令人恐惧，像是在引领他步入一个无底深渊，每走一步都耗尽全部的力气。不久，他竟开始喘了。

无力地坐在台阶上，他望了望头顶上的太阳。如果可以的话，他真的希望此刻能痛快地下一场暴雨，洗刷这里晴朗美好得过分的天空。如果可以的话，他真的希望自己可以像电视剧里演的一样，因为受到了太大刺激而晕倒在急诊室。如果可以的话，他真的希望他从来没有来过这里。如果可以的话……事实是，太阳一如既往地刺眼，炙烤着愈发闷热的空气，而他，脑子万分灵敏甚至还能瞬间算出两位数乘法般清醒地坐在市医院门诊部楼外的台阶上，手里拿着一张癌症晚期病情通知单。他没有干掐自己大腿或者让别人打自己一耳光看看是不是在做梦的蠢事，毕竟他知道自己到底也不是那些白痴小说和电视剧里的女主角。可笑的是，命运却给他开了一个电视剧般的玩笑。他觉得上帝在玩一局杀人游戏。天黑请闭眼，上帝请杀人，天亮请睁眼，啪，恭喜，你死了。也许唯一不同的是，就算他猜对了杀手，却也无能为力。值得庆幸的是，他还有机会说遗言。曾经无数次想过当他知道自己要离开的时候，会跟哪些人说什么话，无奈只是想一想都会觉得很残忍。他要去往一个遥远得看不到目的地的地方，名叫墓地。他不断地走着，每一秒都可能是他最后的旅程，而他唯一想要的，只是一句道别而已。

第一章

鞋子沿着砖缝线机械地移动着，抬头一看，不知不觉已经到了母亲的家。熟悉的饭香从不远处飘来，不知是太香了还是怎样，鼻子瞬间一紧。曾经母亲恨铁不成钢地看着胡乱扒拉几口饭的他，又固执地抢过他的碗盛出一大碗饭："再多吃点，你上学累，吃不好要出问题的！"而他早已跑去打游戏。如今，他想多吃哪怕那么几口，或许也会变成奢求了吧。

"妈，我回来啦。"他静静走进屋里。

"咦？"母亲从厨房探出头来，"你不是在上班吗？怎么会来这里？"连忙放下手里的活小步跑了出来。

"呃……今天休假，来看看您。"他的语气略显紧张，"妈，我来是想跟你说件事。"

"干吗这么严肃，说呗。"她将手往围裙上蹭了蹭。

"我……要去一个地方，很远很远，恐怕不会回来了。"他的声音带着些犹豫，"拜托你别问为什么。"

"为什么呀？"母亲瞪大眼睛不解地看着他。

"……"他要深深地把头埋下去，就这么愉快地决定了。

"说什么哪，什么不会回来？难道你已经厌倦你老妈到不想再见到的地步了？"母亲揶揄地笑着，"放心吧，你不在的时候我一个人清静着呢，再说我还有你爸呢。"

他低着头的身体瞬间僵硬了。父亲在十年前因为一场交通事故去世了，当时他正值高三，本来已经看到些光明的前途，一个雷打下来，劈断了去路。巨大的压力使他奋斗动力全无，整天忧郁地窝在家里，而母亲，那个瘦小的中年女人，却出乎意料地冷静。她瘦弱的骨架硬是撑起了摇摇欲坠的家。

“咱们家已经失去一个人的前途了，不能再失去另一个人的。”母亲当时是这样说的，明亮的眸里闪着光，却终没有落下一滴泪。他永远也忘不了母亲当时的那个眼神，是那么的……

“虽然不知道你说的是什么，不过孩子，就算你去再远的地方，记住，要坚强。你是一个男人，你的意志是最坚硬的钢铁，没那么容易被打倒。想回家的话，就算是半夜也会给你开门的。”母亲眼神闪烁，“好啦，现在吃饭吧。”她转身端来了香喷喷的饭菜。

他默默地扒拉着饭，抬眼扫过，母亲依然一脸无奈地看着他:“多吃点，你上班累，吃不好要出问题的。这么大了怎么还不好好吃饭，你要是……”

“妈，再来一碗。”他举起碗递给母亲。

母亲接过碗，两人相视而笑。

第二章

告别了母亲，他决定到交往了两年的女朋友那里说出一切。到达她工作的地方时，她正在工作。想了想他还是把她叫了出来，人生难得任性几次，何况他已经没多少人生了。

“急着叫我出来什么事儿啊，这儿还上班呢……”她风风火火地走进咖啡厅，坐在他对面。

“嗯，我要告诉你一件事，我要去一个很远的地方，很远，再也不会回来了。”他正了正神色说道，“我是认真的！”

“就这事？”她抬眉，脸上带着愠色，“我这儿快要忙死了，没时间陪你玩！”

“我没开玩笑，其实我……”

“要去很远的地方是吧？就一句话，我等你，不管多远，不管多久，我等你。”她语速极快，神色很淡然。

“不是这个意思，我不会再回来了，无论多久。”

“不知道大白天的你在搞什么飞机，但是我的话不会变，我等你，你直到永远才回来，我就等到永远，然后到了永远你就给我回来！敢迟到就给你颜色看！”

他啜着咖啡，手很凉，心里却烫得出奇。记得曾经许下过诺言，他们要过最简单平凡却最幸福的日子，在一个晴朗的日子结婚，然后去没什么人去的世界的一个角落度蜜月，生两个孩子，一个男孩一个女孩，或者一对兄弟，一对姐妹，把他们从小就打扮得漂漂亮亮的，教他们去闯荡世界，再看着他们各自结婚生子，白头到老……这就足够了。从未想过连这些小小的愿望都要被剥夺，更从未想过他们还未给彼此戴上那枚小小的套住一生的东西，就已经要说离别。

“我……”或许是咖啡太冰，刺激到胃了，他发现自己说不出话了。

“总之，不会让你一个人孤独地走到最后的，未来的孩子他爸，我真的要上班去了！”她握住他的手，“今天你在上班时间平白无故把我叫出来这件事不会就此算了！命你回到家负责今天的烧菜和洗碗任务！烧不好外加按摩一次！嗯？”

“接旨。”他无奈地点点头。

望着她匆忙离去的背影，一瞬间心情似乎轻松了许多，好像一切从未发生，好像他还可以小心翼翼地怀抱着平凡的梦想。

怀里传来一阵震动：“喂？OK，老地方。”他踏着轻快的步子走出咖啡厅，推开门的一刻，淡淡的笑容浮上他的面庞。

第三章

昏暗的灯光，迷醉的色彩，有些潮湿的空气，熟悉的乐队在小小的舞台上唱着熟悉的旋律。“嘿！这儿呢！”远处的老友向他打了个响指。

这里是城市边缘的一个小酒吧，远离喧嚣的市中心，酒吧里的气氛相对安静了许多。他和一众朋友经常在周末的时候来这里喝两杯，唠唠嗑。

很默契，他刚想给朋友打电话，朋友就把他约到了这里。

“怎么了，一句话都不说？”从坐下已经五分钟了他闭口不言，这显然与他以往的吐槽风格不符。

“那个，跟你说吧，我要走了。”他终于决定还是开口，“去很远的地方，可能不回来了，今天就当喝个告别酒吧！”

老友短暂地愣了一下，随即抬起手摸了摸他的额头，试探体温。“本来不想做这么傻的动作，但是你的话已经傻到让我不再顾忌了。”

他挥开老友的手：“真心的，今天告别一下，不醉不归。”他的神色在老友面前从未这样正经。

“我说哥们儿，你这是怎么了？”看到他的表情似乎不像是开玩笑，老友放下手中的酒杯，紧紧地盯着他。直觉告诉他这个人绝对心里有什么事儿在瞒着人。

“不醉不归啊，来，干！”他似乎没听到这质问。

“你说话！到底是不是哥们儿！就算瞒着别人，咱俩从小穿一条裤子混的兄弟还不能说吗？”老友夺下他的酒杯，重重地砸在了吧台上。

气氛有些凝固。是啊，他们从刚出娘胎就打闹在一起，一起学说话走路，一起拿石头砸人家窗户，一起逃过学，一起追过同一个女孩，一起为高考奋斗，一起为工作发愁。当他离开母亲，当他与女友小吵小闹，唯一能诉苦能分担忧愁的还有谁？而这分担的后遗症就是，无论心里有什么事，老友看眼神便一目了然。

“我，我被查出癌症了。胃癌，晚期的，日子不多了。”他低下头，盯着酒杯，他怕自己看着老友会说不下去。

身边没有人说话。他继续盯着酒杯。

“你个混蛋，干吗不早说。”不知过了多久，身旁终于响起来声音。

“我也不知道为什么，我每天三餐都按时吃，按时运动，不抽烟不喝酒也不暴饮暴食，这到底是为什么啊。我才28岁啊，我还有很多事情没有做，我还没有结婚，没有生孩子，没有买车，还没有环球旅行，我不想走啊！”

开始的哽咽变为了低低啜泣，而现在成了号啕大哭。伪装了一天，掩饰了一天，最终只是老友的一个眼神、一句质问，所有的设防瞬间溃堤。是的，他28岁了，他应该可以承受生活的重负，但是他是真的害怕“死亡”这个词汇，愈接近它，就愈发现它的残忍。他不会跟母亲说自己已经被那可口的饭菜刺激到胃里阵阵剧痛难忍却仍然吃了两大碗，他不会告诉女友自己就算是喝了一点也不冰不烫的咖啡仍然会胃痛得不断颤抖，他想一个人走过这为时不长的旅程，却发现自己在死神面前脆弱得像一个孩子。

“说什么呢你！走什么走啊！你就是在我面前喘气儿一天，咱就不能放弃！管它早期晚期！你忘了高中时候打篮球你那不服输的倔脾气了？你可以练投篮练挡拆练突破练到手脚都磨破感染撑着不去医院，差点挂掉了！那时候你连眉都没皱一下，现在呢，就为了一张诊断书，你哭着要死要活的，你的倔强和勇气都被狗吃了？！”老友的声音也有些哽咽，“告诉你，就算你放弃了，我们大家也不会放弃！明天就给我去医院治！不许再说放弃！不然我把你大学高数挂科的卷子贴到大街上！你听见没有！”

两人都低着头哽咽。看不见各自的表情，但是他们彼此都知道，什么都没有改变过。

第四章

回到家。脱鞋，换鞋，换衣，洗手，烧菜，吃饭，打开收音机，躺到床上，闭上眼睛。

再见，这个世界。

第五章

耳边沉默地嗡嗡响着，盯着雪白的天花板，他下意识摸了摸身下。是他熟悉的席梦思。

哦，我还没死。

他缓缓起床，走向客厅。餐桌上留了一张字条："菜很好吃，按摩照常。医院见。"

嘴角缓缓上扬。嗯，他要去一个很远的地方，而那个地方叫——门诊部。

第三卷

游记

北极游记

西行札记之西安

张卓

提笔忽觉，似要写一封长信，给自己，给这次西行，给这座古城。

踏上关中大地，便觉有一股浩然之气，恢宏磅礴。环望四方，有参天的古树，有掩映的城墙，有晨曦下的大雁塔，有忙碌着的汉子。这可是中华大地的中心，这可是十三朝的古都，这曾是汉唐辉煌的长安。这里承载了太多历史的呼唤，唤我回头看看那长河，找寻那记忆，恋上那传奇。

踏上城市炽热的古道，身边便是坚固高耸的城墙，道两边是葱郁沧桑的梧桐。向路的尽头望去，这气韵风范绝不同于江南雨巷，而颇显大气豪放。

踏进城里，又是一番风韵景象，尽显出古今交汇而碰撞出的魅力火花。高高的城墙、箭楼、大瓮，“古”的气息扑面而来。站在城墙之上，远眺城外，现代化的高楼，“今”的风貌拔地而起。而这一古一今，便成了美丽的源泉，珍贵的所在。这座城市的魂也就规整地收入这个方正的四方格中，放射性地向外播撒着美丽的光彩。

踏进碑林，细观各代书法大家的遗作，看一撇一捺如何在石头上尽显他千年不衰的精彩。想象这石刻，书法艺术如何在历史长河中的叮叮当当声中脱颖而出。

踏进秦始皇陵、茂陵、乾陵、永泰公主墓，有一丝寒气涌上心头。看一条条坑道，看一尊尊陶俑，看一个个陶器，不免感叹时间的公平与无情。荏苒的时光，背后有太多的慨叹，又有太多的无奈与悲哀。可是他们都值得我们去记住，记住统一六国的始皇帝，记住独尊儒术的汉武帝，记住唯一合葬的唐高宗和女帝武则天。不禁骄傲，又不禁自卑：以如此珍贵的瑰宝为傲，以一些文化科技的倒退为卑。

踏进大雁塔、法门寺，心中不觉变得平静肃穆，没有了心中的喧嚣，耳畔也就少了嘈杂的人声，身上便少了几分酷暑的炙热。看那裹藏舍利的八层珍棺，看那精美的佛教雕像，心中不由得一震，是为精湛的工艺，更是为佛教徒心中的那份虔诚。

踏进回民街，景色大不相同。有各种经典的小吃，有各种新鲜的工艺品，有各种新奇的叫卖声。口中不由得冒出学着西安人特有的响亮直爽的腔调喊着："走！娃子，咱'喋'碗泡馍去！"这是一种别样的欢乐，轻松、清新。

眨眼的工夫，洋洋洒洒，西安之行已勾了个轮廓。窗外，仍是熟悉的京城，在阳台上远眺，近处的德胜门城楼，远处的钟鼓楼，而这中间是灰暗的天空，林立的高楼。不觉好想再看看那城墙，看看那四面印着诗篇的路灯，看看路牌上一个个古韵十足的街名。而今，回归长安只是幻想，只得翻看薄薄的地图，可地图中又何尝不是饱含着古韵呢。雁塔区、碑林区、止园、朱雀大街，这些都像是淡淡的芙蓉花，散发着淡雅而令人刻骨铭心的香。

但这香，持久、连续，至永远。她不在钢筋化、水泥化、信息化的城市进程中消散，不让那么多爱她的人们叹息、彷徨。

那一片宁静的世界

刘宇琪

静卧于岷江上游，坐拥满怀山水，以木为裳以湖为妆，眉眼安详地等待着寻梦的人们。九寨沟，一个童话世界，一个人间仙境，四周有群山耸峙，终年白雪皑皑，像是童话故事中的城堡，保护着九寨沟美丽的风景。

我们是在夏天到达九寨沟欣赏美景的。掩映在整片苍翠欲滴的浓荫之中，在太阳的映衬下，蓝的天，绿的树，斑斓的水，拂去了夏日心头的烦躁与不安，营造了一片宁静与安逸。

给我印象最深的，该是九寨沟的水。水是九寨沟跃动的精灵，当地的藏族人民亲切地称它们为海子。晴天的清晨，阳光渐渐地拨开晨雾照在湖水上。群山的倒影依然挺拔，蓝天与白云在水中仍旧平静，偶尔几只飞鸟闯入这画面，倒影在水中与游鱼邂逅，形成了“鸟在水中飞，鱼在天上游”的和谐画面。正午，太阳从林荫中蹿出，照在水面上，映出五彩斑斓的水，映出水底颗颗闪耀的石块。雨天的海子，也有另一番风景。雨丝打在水面上，如断线的珍珠落入水中，与游人举起的花伞在一起，给九寨沟的水添加了一分情趣。

大大小小的海子，虽有同样的宁静，却也各有各的婀娜。镜湖如睡美人一般甜稳沉眠，即使微风乍起，湖面也是波澜不惊。来往的游人窃窃私语，想要描述美景，却又生怕打扰了这份安静。就连阳光也是小心翼翼，蹑足来去。这也许就是连时间也无法掠夺的美丽，在寂静之中包罗万象，在光阴飞逝中站成永恒。火花海也是水平如镜，在晴空万里的时候总是折射出灿烂的光芒，如同阳光被碾碎后洒在了海面一般。连珠缀玉般的树阵群海，周围又有群山排闼送青，犹如身在山水画中。犀牛海岸边的树林呈现火红、金黄、翠绿等好几种色彩，绚丽缤纷，艳冠群芳，倒映在水面更是如万花筒般迷幻多姿。要待阳光普照时，原本清澈幽蓝的五彩池立即镶金泛红，染翠浸紫，好像彩虹掉落的调色盘。整个湖面绚丽夺目，光芒璀璨。虽然如此，湖水仍是十分澄净，湖底的植物根枝、纹理都清晰可见，并随着五光十色的水波轻漾，美得惊心。

九寨沟的瀑布，也独具特色。《西游记》片尾曲中，师徒四人在倾斜而下的瀑布上走向取经的道路，那个场景的拍摄地，就是九寨沟的珍珠滩瀑布。水流如千军万马从顶端奔腾泻下，跌落谷中溅成珠玉纷飞。一直在想，中国出名的瀑布有许多，比珍珠滩瀑布雄伟壮观、水势大水流急的瀑布有许多，为什么《西游记》的拍摄地却选在了九寨沟？没有人能够解答这个问题，我想，或许就是因为九寨沟的瀑布有其独特的神秘之处，这种神秘使其能够超越其他的瀑布，使其能够给游人呈现出震撼的视觉听觉奇效。

去过九寨沟的人没有说九寨沟不美的，我觉得，九寨沟吸引人们的不仅是它的美景，更是其闲适的气氛、轻松的生活。漫步于九寨沟，这里的空气比城市中更加清新，没有多样的污染，没有城市中钩心斗角、尔虞我诈的气息。九寨沟中的人民，有的从未享受过外界的山珍海味，从未领略过城市的繁华美盛，我却十分羡慕他们。他们的眼睛如九寨沟的水一般清明亮丽，比我们的更加清澈，没有丝毫的浑浊，没有受到金钱与荣誉的污染。我们的导游就是九寨沟当地的居民，勤劳淳朴、热情好客是她留给我最深的印象。一路上的行程她给我们安排得井井有条，遇到困难她总是十分热心地帮助我们解决。在返回机场的路上，我们问起她的收入，她说三天全程陪同公司只给她300元钱，我们都在埋怨当地的旅行社压榨导游，她却没有丝毫抱怨。她说这就足够了，够她平时的生活费用，够她的家人的花销，其他的也就没有什么强烈的愿望了。她还说，她曾经去过成都，但仅仅待了两天就返回了家乡，因为大城市太紧张，那里的人太“聪明”，她不适合在那些地方生活。透过她大大的眼睛，我看到了那种满足，看到了那种淳朴，看到了城市人不会有的清澈。

终于明白，为什么自古的隐士都可以做到豁达乐观。他们寻求的是心灵上的宁静，当然就要保证不受到尘世的困扰。《逍遥游》中，庄子在山川河流之中行走，不用受人世间的种种困扰，才可以做到乐逍遥。陶渊明隐居于山林之中，每天“采菊东篱下，悠然见南山”，生活安逸自乐，是因为他远离了尘世，不用“为五斗米而折腰”，不用每天逢场作戏。也许失去了官职和金钱，但是他所得到的那份安逸与闲适，是世人无法理解、无法享受的。所以，很羡慕那些能够抛弃尘世中的种种名利而毅然隐居的人，羡慕他们心灵上的满足与享受。而我，虽有那份愿望，却没有他们的勇气和决心，自然也就没有福分享受他们心里的宁静与安逸。

封闭有时反而是一种进步，不盲目跟风不随波逐流，以坚守来自保，才留下了珍贵的处处桃源。当亲处这样的蓬莱仙境，看清泉吻过瘦石，听山风掠过林间，再掬一捧水看它如月光清清浅浅漏下，才明白“封闭”与“落后”似乎更加令人向往。

我打开录音机，想要捕捉住清晨的鸟语花香、泉水叮咚，甚至是露水滴下的瞬间清脆，这些悦耳的声音，可以使我不迷失于城市中混杂着的重金属音乐之中，可以为自己内心留下一片宁静的世界。

望长安

辛梦瑶

一踏入西安的地界，之前的疑虑全都打消——什么配不配，什么属实不属实，什么现代不现代，片刻之前还如排山倒海般涌来的困惑在瞬间被眼前的城墙压在身下，掩埋在深远的地基之下。

是了，这就是西安，一座仍然坚固的、让人瞬间屏息噤声的古老城池。从城门腹中踱步走过，真真切切能够听到千军万马扬尘而过的轰鸣在每一块发暗的城砖中回响。轻敲地砖，作为一声回应，李白泼洒的酒气和着几百年以前残留的繁华，似一缕青烟飘溢而出，衬着西凤酒的酒香。

一股子长安的味道。

就这样在城中走着，每一方尘土抖搂着用米糕或者桂花蜜的香气织成的缎子，在近千年的历史中来回穿梭，磨得秦腔也柔美了一点，有着柳叶的尖和嫩，让每一个婆姨找回了一丁点女娃娃的感觉，手下的针线翻飞成了花。傍晚的时间走得更慢，容忍着远处的大雁一点儿也不心急地蹭过了钟楼的尖顶，悠闲得每个人都坐下来，一点一点把馍掐碎扔进汤里。太阳也渐渐有垂落的趋势，耷拉着半边脸捶打露在外面的臂膀，隐隐，远处的叫卖声一声比一声高，催着太阳向下落。

这样的城池，任谁都拒绝不了；几乎与千年前的生活踩着同样的节拍，任谁都会被她迷了眼。没有江南小镇的清婉，却又比西域的城郭收敛内向，在喉咙中震动着发出的音节，吐出了她的名字——长安。

这个曾经夺走所有人目光的绝世美人，如今敛去了太过锐利的光芒，端坐在你的面前，让你感觉有所改变却依旧心甘情愿地被她的气场所震慑，越发迷恋着这种被紧紧牵引、静静注视的错觉。

百年，只会比想象中流逝得更快，箭一般地飞向唐的尽头。长安依旧是长安，褪去了古老盛装的她并不单薄，却被颠沛流离折磨得更加脆弱孤单。皇帝离开了她，名将离开了她，顶尖的工匠和商人离开了她，唯独诗人留下。诗人把自己困在幻想的牢笼里，假装大唐依旧鼎盛，长安依旧繁华，朱雀大街的尽头依旧住着王侯将相和达官显贵，自己依旧守着一角唐的衣袂。

然而长安知道，终有一天他们都将离自己而去，留给自己一个青灰色的背影。

诗人要走，她想要留，可是诗人不肯放下仅剩的自尊向她苦苦哀求，她也同样没有足够的——哪怕只有一丁点的勇气挽留。

诗人终究是走了。长安，留在了诗人眼下不愿抹去的、睫毛筛过的细密阴影之中。

她心如刀割，可是依然放他走，神色如同迎接他时的平静，心境却是早已不同。

长安，你何必倾尽几世的繁华和满腔的柔情只为等待一个过客？一个注定离去的匆匆过客？

我伫立在城墙上叹息，眼前蜿蜒出一条诗人策马的小径，城墙的一砖一瓦都在轻声啜泣。

长安，你何必如此痴情。

后记：

西安带给我无数个矛盾，谈及这个矛盾就不得不说说物质人与文化人，本想以此为题，没想到最后连边儿都没沾上，遂改之。

关于诗人与长安我就不赘述了，我心里现在叫嚣着有关物质人与文化人的几句观点。在西安和宝鸡参观的时候，路边随处可见仿唐仿汉的建筑物令人眼前一亮，亮多了之后就不由自主与北京相比较，愈发觉得自惭形秽。在我的心目中，西安这样的城市总能令我感到极大的满足，正因为她将自己恰到好处地定位在了文化古都、文化名城，所以一切都以文物、历史、文化为优先考虑的对象，令我颇为眼红，尤其有前几年北京古建筑、胡同强拆乱拆作为对比，更加鲜明。然而我也明白，北京为了她的政治中心、经济中心、国际大都市的定位不得不做出一些必要的牺牲，但是这中间难道就没有一个平衡点吗？莫非只有那些大都市都建成一模一样的水泥森林才好吗？这也太过荒谬了。

尽管要以损坏“身体发肤”为代价进行发展，北京仍然要学一学西安。同样是历史悠久的几朝古都，如今的西安仍然焕发着无法抵挡的文化魅力，而北京却已经逐渐被改造成了与上海或者别的经济中心无异的“样板房”。“看中国现代到北京，看中国古代到西安。”这样的结论难道是我们想看到的吗？它不仅偏离了我们规划城市的初衷，更会被子孙后代所诟病。

作为一个物质人，一个追求经济发达、生活便利的人，我愿意留在北京；但作为一个良心上的文化人，我必定选择西安，生活在那些雕梁画栋、廊腰缦回之中，重温一个飞檐走壁的长安梦。

好春光，不如梦一场。

北极游记

孟玳

曾以为遥不可及的北极腹地，如今留下了16岁的我的痕迹。

深入北极圈内人类在地球最北端的聚居地，走进这片一望无际的冰原，贴近北极守望者的生活，我因与自然无限靠近而深深震撼。

我的北极圈之行从丹麦开始。一路向北，飞向奥斯陆，最终到达朗伊尔宾。朗伊尔宾是地球上人类最北端的聚居之地，由此往北1300公里就是北极点。在这一望无际的冰原上，“北极之王”北极熊与其他动物一起守望着这片净土。这片对我们来说遥不可及的寒冷土地，对它们来说是不离不弃的家园。

出发之前，我仔细端详着地图上我要踏上的区域。一片蓝色，意味着那里是一片大洋。我不记得当时自己是否看到大片的蓝色中还有些细小的黑色点缀，那些大洋中突起的黑色小点，就是我踏上的斯瓦尔巴德群岛。

港口在温暖的洋流上，没有结冰，海水颜色是漂亮的孔雀石绿，柔和，平缓。

飞机上，我望着窗下。我们逐渐离开挪威狭长大陆的北端。飞机比来的时候的空中客车小了很多，而且大洋之浩瀚，使坐在窗边的我感到自己异常渺小。我想，这漂亮的孔雀绿般的海水，会一直向北延伸，直到极点。浮冰从碎裂的冰盖上散落在整个孔雀绿的海面上，飞机用了很长一段时间，才得以飞越那些漂浮的冰块。在与大洋连接的前方，出现了冰川。它极为洁净，巨大皱褶里散发出冰蓝色，给人古老和神秘的印象，仿佛是从天边远古的冰河纪一路砥砺而来的，不免让我想起冰河世纪。沿向大洋倾斜的蓝色冰川向前望去，能看到这条斯瓦尔巴德群岛上最古老的冰川一直通向西北，通向冰封的荒岛深处。这洋中荒岛的60%是上万年的冰川，整个被千年冰雪覆盖，永冻土有500米之深，空旷无他物。盖满雪的山顶，正如地质学家们所形容的那样，洁白、巨大、顶部平坦、庄严。

降落。斯瓦尔巴德群岛，民用机场。

还在等候行李时就看见一头白色的北极熊标本。这个北极王者直立着，厚实的前爪松弛地挂在腕上，可那毛茸茸的前爪只要一拍，就能把海豹的脑壳击碎。

北纬78度13分，离极点1300公里的地方，世界就这样在眼前无限宽阔地展开了。

一、北极燕鸥——永远生活在光明之中的美丽生物

在所有的迁徙动物中，北极燕鸥长途跋涉的本领是罕见的。北极至南极，南极至北极，周而复始。夏季，它们在北极圈地区活动；冬季，它们飞到另外一个极地——南极越冬。燕鸥的尾巴呈叉形，翅膀又窄又长。这对翅膀，在空中飞翔时具有比其它飞鸟大得多的浮力。

每年3月，在南极做客数月之久的北极燕鸥聚成小群，准备北上，进行不可思议的、超长距离的旅行，途中要飞行1.8万公里左右，返回它们在北极的繁育场所。远征之前，它们要彻底脱去旧羽，换上崭新的羽毛。它们从南极半岛出发，飞往南部非洲，越过高山，再调头向北穿过整个热带区域，沿着西非海岸飞往欧洲大陆，最后飞到北极安家落户。从南极的夏末出发，飞到北极又恰好是夏天的开始。

北极燕鸥享受日照时间之长，没有其他动物可以与之相比。在完成了地球上所有动物中最长距离的迁徙之后，它们于5月初在北极安营扎寨，

开始一个新的繁育周期。它们充分利用两个极地漫长的白昼来进行长时间的觅食。它们是地球上唯一一种永远生活在光明中的生物。而且，它们的生命力也非常强。例如，1970 年有人捉到一只腿上套环的燕鸥，发现那个环是 1936 年套上的，也就是说，这只北极燕鸥至少已经 34 岁了，由此算来，它的一生中至少飞行了 150 多万千米。

二、冰川——冰山之尖

虽然我们登陆、航行的斯瓦尔巴德 60% 的面积被冰雪覆盖，但在朗伊尔宾住了这么久，冰天雪地的感觉并不强烈，温暖宜人，只是有些干燥。是冰川退缩了，太阳辐射增强了，还是全球变暖了？首先，现在是夏季，冰雪肯定要消融一部分；其次，从斯瓦尔巴德附近经过的北大西洋暖流使这里的温度比同纬度的其他地区高出不少；更重要的是，冰川此消彼长，大范围内的趋势现在还无法定论。就像高登义教授说的，气象结论本来就存在着诸多不确定性。

三、斯瓦尔巴德群岛——北极的盛夏

斯瓦尔巴德群岛是极地科考史上的重镇。群岛属苔原气候，海洋性气候较明显，多雾。我们在岛上待的十天中，就有一天大雾弥漫。由于受流经群岛的北大西洋暖流的影响，该地区的气温比北极其他地区要温和许多。显然，人们在高纬度的斯瓦尔巴德群岛开展生产、科研、教学等活动，无不得益于墨西哥湾暖流。正如当地人所说，斯岛有寒冬，但是能接受。岛上多崎岖山脉，我们住的朗伊尔宾远处被群山包围，四处立有 watch out for bears（当心熊）的警告标牌。岛上有国家公园、自然保护区、鸟类禁猎区、植物保护区。煤矿开采是群岛上最主要的经济活动，目前有挪威和俄罗斯的公司在此经营。其他主要是为旅游和科学考察服务的第三产业。我们所住的旅馆 Mary Anne 就是一所家庭小旅店，外面有俄文的装饰物。房间的内饰有很多当时采矿的图片、矿工戴的头盔、旧式的煤油灯等怀旧的物品。听带队老师说，这里只有2000多常住居民，大部分是俄罗斯人和挪威人。还有一些亚洲人，不过我不知道他们是因纽特人还是蒙古人。亚洲人大多从事服务业，如超市收银员等。

这个岛被辽阔的海冰、雪山以及冰川包围，那些地方，正是北极熊的家乡。它们在挖雪洞抚养小熊，在海冰上猎杀海豹，在冰川上漫步。它们有着孤独的秉性，一辈子独往独来。听说为防备北极熊的袭击，朗伊尔宾家家都有来福枪。然而，北极熊通常不伤害人类，它更喜欢吃海豹和海象，它也不喜欢人类群居的地方，因为太吵闹。从前朗伊尔宾的男人们会去猎杀北极熊，将完整的皮剥下，装饰在家里。后来熊渐渐少了，少到成为北极的濒危动物，受法律保护，不可无故猎杀。然而，我在参观斯瓦尔巴德博物馆时，得知了一个故事。一次，人们捕获了一头成年熊。解剖后才发现，北极之王已有半年没吃过任何东西。食物的奇缺，是因磷虾在北极水域的减少造成的。磷虾，是北极生物链的最末端。因为北极的各种污染，磷虾数量一年年减少，以磷虾为生的海豹和鸟类也相应减少，影响到了北极熊。博物馆中这头穷途末路的熊，看上去很壮硕，因为已被制成标本。通过标本内部的填充，似乎掩盖了一个悲剧。

朗伊尔宾的苔原上开满了各种颜色的罂粟。有时掀开那些被海水冲刷的磨去棱角的岩石，还能看见一些微小的生命体——漂亮的红蜘蛛，十分小。那些古老的植被和苔藓，年复一年地在太阳返回大地时开花，在漫长的极夜里埋在冰雪下休息。这些低等植物亘古不变地为斯瓦尔巴德群岛积攒和养育芬芳的泥土。不知是否有一天，北极冰盖大片消融，全球气候变暖，这些苔原会变成沃土平原，长出一棵树？

在苔原上，我能感受到一个人归于自然后的那种微小，就像一粒湿润的谷粒在阳光下晒干、缩小、变硬，变得芳香，准备好了再投身于泥土，孕育另一次安分守己的成长，并顺从自己的命运，准备好腐烂和消失。

四、IOFFE——航行于两极的精灵

这次旅行中，在俄罗斯科考船 Akademik IOFFE 上的日子，是最令我不舍的。担心晕船的我，9 天竟然没有一点晕船反应。

还记得第一天登船，船员们热情地欢迎我们，在小白板上写着大大的 Welcome aboard（欢迎上船）。9 天的北冰洋航行，就此开始！

北极的景色令人震撼。纯白而连亘的冰川、湛蓝而无垠的大海、飞翔的燕鸥、觅食的北极熊、懒惰的海象、奔跑的驯鹿、艳丽多姿的地表植被、千奇百怪的生物骨架、冰川融雪、浮冰雪洞……胜似天堂。这些大自然的伟大之作，让我心灵有种被净化的感动，归于一片宁静。

一次冲锋远足，我们终于踏上了北极的雪。在冰川的脚下，路面积雪越来越厚，松软得像海绵，有时一脚踩下去常常被雪盖住了脚踝。积雪冻结不均，踩下去时深浅不一，颇为困难。我们肆无忌惮地玩着雪，丝毫不像见过雪的样子！

还有一次登陆爬山参观 bird cliff（鸟崖），登陆后才发现是一座石头岛。能够落脚的地方全是大小不一的岩石，被海水冲刷得逐渐圆滑，缝隙处会有苔藓，稍不注意就会失去重心而滑倒。为了爬上山去观察鸟，大家都笨拙地迈动着穿着不合脚的防水靴的双脚，跟在冲锋队长的后面，小心翼翼地行进。在进行野外活动时，探险队长和经过枪支训练的船员都会随身携带来福枪和手枪，保护我们的安全。

船上的 9 天生活，现在想起来全都是快乐的美好的回忆。那艘船，那片海，那些人。你们带给我的，是一生中最难得的财富，我会永远珍藏。相信这 9 天，也是这次北极之行中所有人的最爱。

五、北欧三国——世界上最幸福的国家

其实在发生奥斯陆连环爆炸凶杀案之前，我十分向往这个宁静的社会。

房子不上锁，车钥匙插门上，钱包随手放，这些行为似乎足够表明人与人之间的信任之深。然而，在瑞典的一位中国留学生告诉我们，他感觉北欧人是外热内冷，他们的骨子里还是带有封闭性的。

然而，在丹麦、瑞典、挪威三国的浮光掠影式的观光，还是让我对北欧心生向往。北欧，离我们挺遥远，但跟北极比起来这距离不算什么。北欧位于欧洲西北角，很大一部分土地在北极圈内，处于世界陆海空交通干线之外的边缘地区。北欧国家都是“小国寡民”，但却富甲天下，不断向世界传送令人羡慕和向往的种种神话。

踏入北欧的第一个感觉，是那里的白天格外的长。7月正是那里的极昼，奥斯陆当地时间午夜12∶00，窗外还同白天差不多，万物清晰可见。过了一会，又是一个旭日东升的白昼，根本没有夜的感觉。在船上的那9天尤为明显。由于我的精神好，总是在bar里待到两三点才回房间休息。看着午夜1点的海上日出，别有一番味道。然而，我不免好奇北欧人怎么打发再过半年的漫漫长夜。我想，漫长的冬季和黑夜，造成了北欧人内向、不善交际的性格，所以抑郁症患病率极高。还有一个有趣的现象，即使在白天，所有行驶的汽车都会开车灯。这是北欧人在长夜环境下形成的习惯，即使在长昼季节他们也习惯性地打开车灯。

我们在北欧的行程中，沿途没有看见一块光秃秃的土地。拿斯德哥尔摩举例，除了森林，就是草地，或是如镜的湖泊和清澈的小溪，城市也都掩映在苍翠之中。横穿斯堪的纳维亚半岛，是一大片一大片的牧场。成熟的牧草被收割装进白色的大塑料袋里封好，一排排整齐地摆在草场靠近村舍或交通线一侧，像一排排白色的大石头，给绿色世界增添了一道不同的风景。这些牧草，是专门为牲畜准备的过冬饲料。

大巴从挪威驶向瑞典，经过8小时左右，我们终于进入了斯德哥尔摩市区。斯德哥尔摩就坐落在波罗的海和一个淡水湖的交界处，市区由50多座桥梁把13个大小岛屿连接起来而成，被称为“北方威尼斯”。周围有数以千计的小岛和暗礁岛环抱。在轮船进出港口时，那些绿色小岛的丛荫后面不时隐现红色或白色屋顶，非常美丽。北欧的河湖都有丰富的鱼类，可惜北欧人都不吃淡水鱼，以至于千百年来，大量淡水鱼只能自生自灭，白白浪费。中国有这么多森林该多好，中国有这么多淡水湖该多好，北京的空气像这里的空气一样清新该多好！值得一提的是，在斯德哥尔摩的街头，狗的粪便和烟头是合法垃圾……

北欧之旅，还有那些数不清的艺术——建筑、雕塑、公园。

欧洲最大的王宫斯德哥尔摩王宫、斯德哥尔摩市政厅、哥本哈根的城堡、小美人鱼雕像都让我震撼。最让我震撼的，还是奥斯陆的雕塑公园。

以“人生”为主题的大型人体组雕公园——奥斯陆维格兰人生公园1924年开始建造，面积为80公顷。公园中的全部作品都是挪威雕塑家古斯塔夫·维格兰所创作的。石雕表现了人从出生到死亡的启示，因而有人称它为“人生公园”。所有作品都以裸体呈现，因为维格兰认为，唯有以最自然的方式呈现作品，才能让世人看到人性的真义。这是我之前读到的介绍。原以为那里只是个不大的公园布满了雕像，可一进大门，眼前豁然开朗：雕像群只是集中在两侧，顺着桥—喷泉—高台立柱—环状平台的顺序，四周是一望无边的草坪，开阔，养眼。雕像演绎的人们正在这宁静广阔的大公园里真实地生活着：婴儿们在蹒跚学步，少年们在跳跃打闹，青年们在活力奔跑，老人们在悠然漫步，与通道上的石雕相映生辉，俨然一幅完整的人生画卷。高高在上的生命之柱，密密麻麻地交叠着121个表情不一、体形不同的雕像，相互携扶，首尾相接，盘旋而上。把人生的生老病死以及和命运抗争的众生相刻画得淋漓尽致。不得不说，人生公园的确是奥斯陆观光的首选！这些都是无与伦比的艺术，它们共同展示了北欧深厚的文化底蕴，令人难忘。

踏上斯堪的纳维亚半岛，走上哥本哈根7月的街头，看山水逛城堡亲近海的女儿；沿着挪威王国绵长的海岸线，徜徉一个个风景绝美的岛屿，邂逅一张张鲜活的面孔，走过一寸寸年轻又古老的土地；北纬 78 度再往北，直到 81 度，感受天的尽头，在极昼里看午夜绚烂的太阳。这次的北极和北欧之行，我终生难忘。

如今，结束一段旅程回到都市丛林，在混浊的空气中，过千篇一律、谨小慎微的日子。此时最留恋的，是旅途中的每一秒。

每一秒的回忆，都那么美好，那么真实。于是我的游记，冗长拖沓，真希望能把路上的点点滴滴都完整复原。

登太白山随记

邱玥婷

陈仓故郡，宝鸡新府，星分井鬼，地通八方。环三山而贯一河，承陇海而起宝成。时维七月，序属孟秋。余随同学百余人、师数十人，从长安西南行百二十里，经咸阳，沿渭水，至于宝鸡诸峰下。

秦岭名山凡百，其峰联岭属，拔奇挺秀，而太白最胜。昔日，青莲野老、河东昌黎皆尝至于此，登山游观，尽兴作诗以赞。太白之山，秦岭之主峰也。其顶终年覆雪，氛岚若带然，虽为盛夏，犹可见其白雪皑皑，银光四射，仿如明珠，蔚为奇观，此乃关中八景之一。

余等乘车于上路，崇阿竟秀，峻岭苍苍。其道旁多松柏，蛛结网于其上，翠中缀白；其林中多禽鸟，雀啼鸣于其间，嘤嘤成韵。会天降细雨，绵绵霏霏，远观群山，云归而雾聚，其顶若隐若现，渺渺乎如蓬莱仙洲。行至山腰，山道斗折蛇行，木阶蜿蜒而上，遂舍车步行。时近午，然游人鲜至，唯余及友五人歌于途，提携相伴，甘劳心与力，沉浸图画景，虽无丝竹管弦，乐亦无穷。少顷，循蹬东至一山庙，余等极目远眺，实乃“会当凌绝顶，一览众山小”！顿觉疲倦扫而心胸畅。各慨叹一番，稍小憩，辄返。

丽江行迹

高昂

今天是来丽江的第一天，下了车山水一片清明。叹没有胡兰成的才华，写不出一句“印度东西有一种明朗深邃”，然而清明，却是我能够想到的、唯一来形容我心中的丽江的词语。下了飞机，空气的味道都是不一样的。

很快到了拉市海，我们选定了第二条路线，即看几处茶马古道，再游湖看候鸟。我们吃了些东西，选定了自己的马。“你要骑这匹？”“嗯。”“那就快点上！”一位面色黝黑的马夫喊道。他是个纳西人，不帅气，很黑，很热情，话里常常夹杂着一些蹩脚的英文，就像许多装洋气的土人似的，身上焕发的一种精神却令人感动。“美女，害怕吗？”他大概就是这样问我的。“呵呵，有点吧。”因为是最后一个，所以他来牵着我的马。他时而还唱一些藏语的歌，那些歌里有深深的情感，语言我听不懂。他唱得很好听，我猜是感情浓郁的原因。我们就这么一颠一跛地走着，马儿很听话，但对于城市来的我还是显得慌张了些。

拉市海有很多的山，连绵的，内敛的。湖静静地躺在那儿，曾经马帮走过的、一直不曾改变面貌的原始森林，里面是常有瀑布飞流，给整个习惯无风沉默的树林一种雄厚而盖世的力量。想想吧，那是自然的瀑布，自然的水声，自然的、几千年前的活力与语言！于是，那整片森林里的每个叶子，都染上了瀑布的性格。她们氤氲，但是又分明有一种力量蕴涵在里面。我的马夫牵着马走上山，一路上我也惊呼不已。然而渴望亲近自然，我也时常地拍拍我的马的脖颈。就在这有着韵律的行程中，竟然飘起雨来！开始不大，后来就加紧了节拍。“这在我们这儿都不算什么，小雨都算不上！”我的马夫笑着说。雨很美，天空很美，山也很美。多少次我在北京梦想着的雨天终于出现。“来，咱们来扮演孙悟空和唐僧！”我的马夫说。于是我不知道是受了他的感染，还是见碧水青山情发于心，竟哼起了《敢问路在何方》。“你大点声！”我的马夫说。于是在那清明的山中雨中，我们唱起了歌：“你挑着担，我牵着马，迎来日出，送走晚霞……”我们的歌声相互交融，传开在这一片自然之中，路过的人莞尔，前面的人回眸。

现在还记得他的嗓音很好听，有一种朴实的味道，或高或低都有浓浓深情寓于其中。因为要一只手抓住缰绳，我只能用一只手拿着手机拍照。一些自然而别致的小村坐落在我们行经的路旁，雨里还开着黄色的迎春花，未凋谢的淡淡的梅花。远方是玉龙雪山巍峨矗立，而远方的天空栖息着光亮的云彩。这是怎样的一幅景象啊！我用鼻尖轻轻触到手机上的拍照按钮，为我的记忆保留一份最真实的底稿。

后来下马时，我和我的马夫照了合影。纳西人热情不乏直率，深情又常内敛给我留下了太美好的印象。因为他和这座山这场雨，我爱上马，爱上丽江，爱上纳西人。

然后我们就去游湖，轻轻悠悠地荡在湖泊里，水草不高，鸭子很闹，有时扑棱棱飞起来，惹得我们这些抓不住美好瞬间的“摄影家”不由怅然若失。由于气候原因，候鸟未见，欢乐不减，山重水复之间，只见得自然与天地最美好的交融。我没有什么理论知识来说这些东西，然而内心最深处的感觉，只愿及时地记录就好。

真是大爱丽江。尽管旅游产业尽其可能地开发这山这水，但骨子里的醇厚和清明依然未能消散。也愿她一直都这样。

游西湖记

张楚仪

辛卯之秋，八月之初，吾与父母游于杭州西湖。同行皆未尝之也，故仰慕已久，以俟一睹西湖之胜景。

既至，正值酷暑，却未感丝毫燥热，正可谓“天朗气清，惠风和畅。”江浙人曰：“杭州，出丽人之地也。”吾不解。丽人岂因丽景而出耶？纵目远眺，万顷碧波，水天一色。孤鹤掠桥而西，扁舟倚岸以泊。三泉印月，天上、影中、心间，凡三十三月矣；文人忠将，东坡、乐天、鹏举，著迹亘古不移。余沿岸而徐行，微风四起，舞杨柳而荡涟漪；夕阳西下，暗千家而渐迷离。依稀可寻连绵群峰，叹其雄秀；俯首可望平静湖水，异其灵动。湖之微波，尤荡心间，不觉中恬然，渐行渐缓。心之既静，感慨系之矣。

吾知之乎！丽人之美，盖性情之美矣！宁静之美，恬然之美，温婉之美，故不得不谓之“丽人”矣！有女长于此，性情感染于此，此之所以曰：“杭州，出丽人之地矣。”

已而暮色四合，归鸟争鸣。弄一扁舟，以享西湖之夜景。扁舟荡于湖心，目之所及尽暗，不禁肃然而恐。此般情景，忽忆苏子与客游于赤壁之下。驾一叶之扁舟，举匏樽以相属。而吾，恰似沧海一粟般存在于世，既是一瞬，何不放浪形骸之外，抛琐杂之事，度逍遥一生？

宋之苏子，会友游于赤壁，放乎中流，听其所止而休焉。看似无所拘，但其壮志未酬，心之苦闷，又岂他人能解？自由诚易，自在实难。

西湖胜景，古今人情。温婉如她，厚重如她，能不忆江南？

既归，自录所见所感，以彰此行，命曰《游西湖记》。

只有香如故

张楚仪

七天的社会实践转瞬即逝，思考与回味接踵而至。

长安，一个载满厚重与沧桑感的地方。在城内游览的时候，就被一种难以名状的气魄所震慑。总觉得这座古城有一种特别的气质，毕竟，这里曾是十三朝的都城，历史上无以与之媲美。

大明宫是我国历史最鼎盛时期——唐代的皇宫。可如今的遗址，却只是建在原来位置上，还未来得及上色的类似于“木质”的模型罢了。恢宏？或许。往日的空前鼎盛与极尽繁荣，就要靠我们的想象力了。导游说，大明宫毁于战争中的一场大火，宫阙万间都做了土。如果没有大火，那么……哀之、惜之，晚矣。而我看未必：一系列的如果成立，也许可以使它保留至今，但一百年后、一千年后呢？我们的今天成就了未来的历史，却没人能预测得了未来。我认为物质上的遗迹不可能永存，因为它可以轻易被毁灭，连同它所有的价值。多少金碧辉煌的雕梁画栋变成了今日的断壁残垣；多少功成名就的帝王将相及辉煌鼎盛的朝代，最终只化作历史课本中短短的几行。历史是如此可怕，因为它可以掩埋太多：极尽繁华，不过一掬细沙……

那么，什么才是永存的呢？

精神。我不否认。文天祥因其“人生自古谁无死，留取丹心照汗青”的气节而名垂千古；岳飞因其“壮志饥餐胡虏肉，笑谈渴饮匈奴血”的忠心报国而流芳百世；还有豪气淋漓的苏东坡，脱俗达观的陶渊明……但这些毕竟是少数中的少数，也只是众人心中的“永存”。还记得石悦在《明朝那些事儿》的结尾写道：成功只有一个——用自己的方式，去度过一生。新西兰登山家希拉里在登上珠穆朗玛峰后经常被记者问一个问题：你为什么要爬？他总不回答，于是记者总问。终于有一次，他答出了一个让所有人都无法再问的答案：因为它（珠峰），就在那里！没错，很多事都不需要理由。而成功就是用自己的方式，做终生追求的事，完善自我，实现价值，一生无悔。只有这样，才会“永存”，才有“香如故”吧……这一切的人一切的事，都会有历史见证，沉淀后融入那片土地中，成为某种不可磨灭的特质，永存。

笑着，走过长安——她的容颜如花瓣般风风火火地盛开，悄然无声地飘落……离开时，微微小雨落在镜框上。朦胧中，虽然无可奈何花落去，古都却风韵犹存。

愿这座古城、这片炽土，沧桑如故，香如故。

第四卷

评论

朽与不朽

4% 的困惑

赵鼎轩

2012 年两会上温总理重提“我国今年教育支出将达到全年财政支出的 4%”这一“古老”的议题，立刻引发了社会各界的热议。的确，自 1990 年国家提出要在 2000 年实现教育支出占财政支出的 4% 至今已有 22 年，但这一目标仍未实现。因此全国上下对教育经费问题都颇为关注，但更多的人关注的是经费的绝对数量，却鲜有人关注经费在各地使用的质量，即教育经费是否被合理利用的问题。

相关媒体曾有报道，中国的科研经费真正使用率只有 40% 左右，其余的 60% 不知去向。科研经费只是教育经费的一部分，但足以证明教育经费的利用效率很低。对此一些省市在今年上半年专门设立了所谓“4% 办公室”，负责监督下级教育机构使用好日渐增多的教育经费。这表明各级政府已经注意到教育经费存在不合理利用问题，并开始注重解决。我认为急需解决的有三处：审批不合理、使用不合理、分配不合理。

审批不合理，详细来讲是申请、审批机制的不合理，它与使用不合理息息相关。每年春季高校申请课题时教师都会遇到预算编制的难题。现行机制对预算的要求十分严格，但大多数科研工作者并不具备财务知识，而预算不到十万的小课题又很难请到专业的造价人员编制预算。所以很多课题的预算都只能模棱两可，这造成课题经费与实际科研经费有出入。预算少于实际需要的情况很少，但资金不足明显会影响科研成果。而预算超过实际需要的情况更常见，未用完的经费极易造成经费滥用，如用于娱乐目的。过量的预算结余也会在结题审计中引发质疑，上级审批机构会产生如下解读：1. 科研能力不足，不能利用如此数额的经费；2. 预算有水分，申请动机不纯，削减后续课题经费。所以在一些课题的结题阶段会出现以下现象：频繁外出举行会议，地点多设在政府采购名单中的度假村、酒店，实则是科研人员的周末度假；集中购买 U 盘、相机等设备。总之目的只有一个：花钱。不花完，来年经费就审批不下来。申请审批机制的僵化，使得在教育经费紧缺的大背景下，数量可观的资金被用于消遣、无用的会议、职工福利等非科研目的，造成了极其严重的浪费！而这一切的原因一定程度上归结于预算与需要脱节。建议上级审批机构不应只重视课题论证报告和结题审计报告，多花些力气对科研人员进行财务培训，使其具有基本的财务素养，减少预算编制的偏差。财务素养也是科研素养的一部分，一位对经费具有清楚认识的科研人员才能使经费尽其所用，研究出值得国家投入的成果。

其次是分配不合理，这里主要指城乡教育、高等教育、义务教育经费分配不均问题。2011 年清华大学科研经费 37 亿人民币，浙江大学 28 亿，与此同时许多山区学校缺少校舍和基本教学工具，乡村教师的工资也得不到保证。但我并不是想说将重点大学的经费转移一部分到乡村义务教育中去。因为二者性质不同，重点大学的科研投入不但不能减少，而且要继续加大。2011 年哈佛、MIT 的科研经费分别约合 358 和 64 亿人民币，远高于国内大学。增加科研投资不能保证大学水平的提高，但却是建设高质量学校的重要前提之一。国内大学本就不如世界一流高校，如果在科研经费上差距继续扩大，就更加难以追赶。

然而，国家划拨给各高校的教育经费中除去科研费用，还有为数不少的建设费用。在建设费用的划拨上，城市明显多于乡村，高等教育明显多于义务教育。北京一些高校近几年兴修了不少气势宏伟的行政办公楼，很气派，当然也很昂贵。哈佛、MIT 两所学校的图书馆、教室、宿舍等不少公用建筑均已有几十甚至上百年的历史，远超过北京高校新中国成立以来修建的建筑，却也未见其大规模地翻新教学楼。只要建筑物符合安全标准，就可以通过内部设施更新来实现其功能的扩大，完全不需要将一切推倒重建。国家的教育经费有限，就更应该用在最紧急最需要的地方。最近一段时间媒体报道了湖北麻城的小学生要自备桌椅上课，年迈的老奶奶替孙女背着桌椅走几里山路到学校。省下一座造价上亿的办公楼，几个省的贫困学校就可以配备齐教学设施。大学之大，不在大楼，而在大师。西南联大凭借几间破瓦房培养出若干个领域的大师，足以证明高校过多的兴建大楼并无必要。近年来国家给予西部地区录取优惠政策，令大学招生向西部倾斜，我以为这并不能根本改变西部教育落后的局面。广大西部乡村的学生是值得充分发掘的智力资源，但却因为落后的基础教育条件而没有得到有效开发。如果各高校将兴建高楼大厦的资金节省下来，对口支援贫困地区的基础教育，提高师资力量，使乡村孩子在高考时逐渐能和城镇学生站在同一条起跑线上，不仅能促进教育公平，而且能充分发掘乡村的智力资源，大大拓宽优质人才的来源。

上述三个环节的不合理导致我国教育经费利用效率低下。原因之一是经费由行政人员管理，其专业知识不足，监督意愿不强，不能将有限的资金用到极致。我们也许可以效仿他国鼓励私人资本进入教育领域。这里所说的私人资本并非国内良莠不齐的私人办学，而是指高等教育中的私有基金会。我认为国家的教育投入应适当向义务教育及高中教育倾斜，高等教育的资金缺口则由基金会弥补。如今国内大学的基金会远不如英美等国发达。例如哈佛大学，其投资管理公司——哈佛管理公司受理社会各界捐款并负责资产投资保值，每年的收益占哈佛收入的 32%，是哈佛最主要的收入来源。因此哈佛不用过多地依赖政府投入就可以进行大规模科研活动。私有基金会资金主要来自靠自己奋斗取得财富的人员，他们很慷慨，大方地支持教育事业；同时也很“吝啬”，非常珍惜自己辛苦赚取的财富，严格追踪资金的使用情况，这直接保证了经费利用监督的全面和有效。反观国内，公办大学几乎全部依赖财政拨款。教育支出有限，初等教育、高等教育都存在资金不足的问题，若能引入民间资金缓解大学经费缺口，教育经费整体紧张状况就会得到改善。其实，中国教育吸纳民间资本的条件已经成熟。近年来，国民素质提高、国民财富增加，越来越多的人认识到了教育尤其是高等教育的重要，有愿望并且有经济实力去支援教育事业发展。但苦于基金会不完善，只能停留在向大学捐赠教学楼、教学设备的阶段。这样的援助是无源死水，用干了就再无补充。只有大学成立完善的基金会，并挑选最合适的人员管理，将获赠资金完全纳入资本运作轨道，才有可能获得独立的、长期稳定的资金收入，从而摆脱对财政投入的过度依赖。

然而，凡事都有两面，私人资本参与教育的缺陷也是明显的。美国高校接受白人捐赠比例高，校董事会也几乎由清一色的白人组成。因此名校中白人学生比例远超过白人学生在所有学生中的比例。白人学生接受的教育更好固然是一个原因，但人为对白人学生比例的保障更加重要。这反映出私人资本与国家相比缺乏更全面长远的考虑，可能会加剧教育的不公平。因此国家的财政投入不可全部撤出，在保障城乡学生平等接受高等教育和支持投入大见效慢的科研等方面，国家仍应提供主要经费支持。

国家支持与私人资本都不是解决教育经费问题的唯一办法。只有将二者结合，既用行政拨款保障公平，又用私人资本提高效率，才能从根本上推进高等教育和义务教育高质高速发展。我们既然可以建立宏观调控与市场调节相结合的社会主义市场经济，为什么不能建立一套高效的教育经费管理体系？教育改革正在深入，希望教育经费的改革可以跟上时代的脚步。

浅谈房价

赵鼎轩

2011年11月6日，远在圣彼得堡的温总理重申了中国政府调控房价的决心，终结了近期有关政府放松房价调控的传闻。近两年来，随着“国六条”“国十条”“新国八条”的接踵而至，国家房地产调控政策愈来愈严格，终于遏制住渐成脱缰之势的房价上涨。但中国的房价问题不是一天形成的，如果仅凭人为的限制，恐怕不但不能治本，而且会适得其反。这绝不是危言耸听，在前不久的IMF《中国金融评估报告》中，有关专家就警告中国可能会遭遇房价下跌风险。而中国的房地产一旦崩盘，立刻会引起钢铁、建材、家具等一系列相关行业萎缩，并将迅速波及中国的大部分经济领域。到时候，专家们警告的中国经济硬着陆便不是空谈，我国几十年靠轻工制造创造的财富面临危险，房地产如此牵一发而动全身的重要地位，绝不允许有任何政策闪失。政府必须要从高房价的根源入手，绝不可仅停留在“限”“控”的阶段。

我认为，中国高房价的根源不在开发商，不在投机者，而在于土地经营模式。在北京，房价调控政策实施后，除通州、大兴等原本价值不高的房地产泡沫破灭，其他核心区域的房价依旧坚挺。与此同时，2011年11月上半月北京房地产成交量再创新低，仅为0套，许多中小开发商资金状况已十分紧张。一边资金紧张，一边在房价上寸步不让，开发商这无异于自杀的举动究竟为哪般？答案十分简单，核心区的房价已降无可降！目前北京商品房均价为20000 ~ 21000元/平米左右，而现售房多为开发商去年年底所拿地块所建。去年年底北京市商品房楼面价约为9900元/平米，而业界公认的住房开发综合成本约等于楼面价。所以在售楼盘价格要至少达到20000元/平米开发商才能保住成本，换言之，开发商平均利润只有每平米几百元。当开发商的利润空间所剩无几时，政府是时候认识到，降低房屋楼面价才是解决房价问题的根本。

我国住房用地由政府拍卖，开发商竞拍。首先这是一种使政府获利颇丰的土地经营模式。在我国的地方官员政绩考核中，GDP创收最重要。重污染工业不环保，劳动密集型产业又面临用工荒，能源并非大家共有，高科技产业投入大见效慢……于是"简单高效"的拍卖土地似乎成为了地方官员完成GDP目标的制胜法宝。即使地方财政宽松，政府不需以高价出售土地，经过土地拍卖模式的洗礼，最终为老百姓承受的楼面价也已经高得离谱。试想，以卖天价古董的拍卖模式出售人民刚性需求的住房用地，中国房价焉能不高？

但若认为高房价应归咎于地方政府似乎也不妥。2008年金融危机后国家出台四万亿经济刺激计划，四万亿从何而来？中国公路总里程即将成为世界第一，北京地铁建设速度世所罕见，地方机场遍地开花……基建投资从何而来？温总理在圣彼得堡的讲话中还提到了落实1000万套保障房建设，资金从何而来？或卖地，或贷款。国家近年来紧缩银根，一再上调存款准备金率，而且贷款审批时间长、手续复杂，似不可取。于是，土地拍卖凭"一己之力"承担了国家许多光鲜的大工程投资，承担了光鲜的经济数据，承担了……可是，在光鲜的背后，在土地拍卖的脚下，有十三亿中的多少国民在无奈地叹息，在愤慨地大呼"安得茅屋一两间"却只能心酸地接受买不起房的事实？

难怪有社会学家指出高房价是当今中国一系列社会问题的根源。但我们也应看到，国家已经在为解决房价问题做出一切努力。但房价调控政策上马很快，未必经得住时间的推敲，因为中国从来都不缺少路上的速度，而缺少原点的深刻。以我之见，高房价的根源就在于土地模式和经济增长方式。土地拍卖明天就可以叫停，但经济发展的变革却需要几代人的努力，会有那么一天，我们的经济增长不用再依靠土地拍卖来拉动，我们每个人都可以实现“劳者有其居”的梦想。

再谈房价

——浅谈土地财政与央地财税关系

赵鼎轩

笔者在《浅谈房价》一文中说到，地方政府过于依赖土地财政从根本上推高了房价。其实，土地财政的危害远不止房地产领域，它已导致了若干社会问题的出现。

近年来，“暴力强拆”已经成为一个严重的社会问题，“最牛钉子户”频频出现，开发商和当地政府普遍将其塑造为对补偿费不满的贪婪形象。从我国公有制的土地性质来看，个人确实不应对所有权不属于自己的土地索要过高的补偿费，但“高”与“不高”的标准由谁制定？对于一个被迫离开世代居住几百年的家园，而且又要失去赖以生存的耕地的农民来说，多少补偿款算是“过高”？山东的一位老兵每天身着军装、佩戴勋章、肩扛锄头，在自己挂有国旗的房子周围巡逻，提防随时可能来到的铲车。这位老兵曾为保护民族的家园而战，如今又有谁保卫他的家园？更有甚者，近年因强拆造成的流血冲突已有若干起，肇事的执法一方往往归咎于被征地人员行为过激。试想，还有几天就要成熟的庄稼被铲车连根铲断，强拆的一方又继续理直气壮地破坏，有谁能平心静气地去做无用的申诉？

土地一直是中国农民的希望，解放战争的胜利很大程度上得益于土地改革使广大农民分到了土地。而今的中国，地方政府一边强征农民土地，一边想要维持社会稳定，把农民最根本的希望扼杀，何谈稳定？何谈幸福？

土地属于人民，地方官号称自己代表人民。在法理上，地方政府征地未经地方人大许可，其行政执法依据是国务院的《拆迁条例》，而不是全国人大的《物权法》。在情理上，不以耕种为业的农民愿意获得巨额拆迁款后进城上楼，以耕种为业的农民失去土地就意味着失去几乎唯一的生活来源，自然强烈反对。政府显然没有考虑到这部分农民的利益诉求。法理、情理上地方官都不代表人民，人民不是一个虚化的概念，那一个个失去土地的农民都是人民最真实的代表，他们的利益不被保证，地方官心中的“人民”究竟在哪儿？

既然是强征，地方政府依靠土地财政获得收入就会比其他方式见效快、收益大。事实上，2012 年全年地方财政收入 6.1 万亿中有 2.69 万亿为卖地收入。一些地方政府就像捧着金饭碗的公子哥，赚钱毫不费力，哪有心思励精图治？国家讲转方式调结构讲了好几年，但实际上推进速度很慢。产能过剩、连年亏损的钢铁、水泥行业就是例证。这其中地方政府积极性不足是主要原因。地方官升迁看政绩，所谓“战略性新兴产业”投资大、见效慢，还极有可能中途夭折，在地方官任期内成为“政绩”的可能性不大。而通过土地财政，地方政府获得大量财政收入后，可以迅速上马一些见效快的传统产业。土地财政收入越扩大，地方政府支持新兴产业发展的进取心就越萎靡。土地财政俨然成为地方政府早该抛弃却始终恋恋不舍的拐棍。

轻易得来的收入还会使地方政府投资时缺乏仔细的考量。国家正在推动城镇化进程，于是地方政府将巨额卖地收入迅速投入到“××新城”建设中。前期的成本—效益分析不足，长期发展规划的缺乏使过快的城镇化造就了一批无用的“鬼城”。任凭地方官员怎么解释，康巴什就摆在那里，静静地充当不合理城市开发的案例。过度投资的同时也增加了地方政府债务风险，早在 2011 年多家媒体就曾警告中国地方债务有可能急速膨胀。但地方政府并未重视，而是继续借债投资。2012 年，地方政府控制的金融机构发行债券总计 6368 亿人民币，比 2011 年上涨 148%。现如今，全世界都在关注中国的地方债风险，担忧其可能会最终拖垮中国经济。面对巨大的资金压力，地方政府不得不继续依赖土地财政。于是由土地财政开始最终又回归土地财政的恶性循环已经形成。所以虽然土地财政有诸多危害，但一段时间内它将继续充当地方政府财政收入的主要手段。

由此可见，地方政府过度依赖土地财政的原因是投资过多，支出过大，更准确地讲，是支出与收入相比过大。1994 年分税制改革以来，财权上交，事权下放。地方财政收入减少，事权增加导致财政支出相应增加。目前，地方财政收入约占全国财政收入 47%，财政支出占比却达到了 85%，央地关系需要继续改革已经成为相关专家的共识。目前有很多人在研究央地关系改革的方案，以我目前的水平还无法评判孰优孰劣。现任财长楼继伟曾在其文章《财政体制改革的历史与未来路径》中指出，中国的地方政府管理了太多本应由国家管理的事物。因此仅从遏制过度的土地财政角度来看，我认为地方事权上交、财权事权保持相对平衡是非常可行的一个方案。在当前地方经济有增长乏力可能性的背景下，地方政府可能会继续增加投资刺激经济增长，此时中央政府可以出台临时措施限制地方政府过多过快上马投资项目，同时严格控制地方债务继续膨胀，然后通过立法程序逐步将地方政府批准当地大型投资项目的权力收归中央。这样就可以理顺央地财税关系，防止地方政府因支出过多而过度依赖土地财政，从而解决土地财政衍生的一系列问题、降低地价，进而真正使住房获得降价空间。

然而，这一切都是我的设想，科学划分事权提出 20 多年，至今未见彻底的解决方案出台，说明各方对事权划分的方案有很大的分歧。中国改革的步伐在加速，央地关系早一天理顺，土地财政早一天终结，中国的普通人才能早一天实现“居者有其屋”的梦想。

中国国际话语权的缺失与建立

赵鼎轩

引子：聪明人·中国人·奴才

奴才总不过是罢工抗议，游行示威，只要这样，也只能是这样。有一日，他遇到一个聪明人，“先生！”他愤怒地说，后槽牙咬得吱吱作响，“你知道的，我所过的简直不是民主社会公民的生活。我丢了工作，却还要纳税；我交了养老金，老爷却把它们都投入到亏得一塌糊涂的钱庄……”“这实在令人同情，”聪明人也惨然地说，“然而，可怜的人啊，你好好想一想，是谁抢走了你的工作？是那个曾经不如你们每一个人的中国人！”

“可不是么！”他高兴了，“想当年我家老爷和我阔绰的时候，中国人还只是整天浑浑噩噩，蠢得四处遭人嘲笑……谁知这几年他竟也阔起来了，可怜的我啊，从前有工作时，老爷让我一天上八小时的班，而且不许我请假去看球！可中国人在街边开了杂货店之后，我便连这劳累不堪的工作也没了……”

“唉唉……”聪明人叹息着，“可怜的人啊，不要再想工作了，好好看看那个中国人，他刚刚在房子旁筑了一道篱笆，这是赤裸裸的挑衅啊！他今日敢在自己房前筑篱笆，明日就敢把墙修到你家门前，到了后天，你的房子便也是他的了。”

“什么？这天杀的中国人！”奴才愤怒了，“好心的大人，你一定要救我，我本就失去了工作，不能再失去家园，我要去找老爷，替我主持公道！”

“嗯，只要时刻警惕中国人，你总会好起来的……”

不几日，奴才遇到了中国人，中国人拿着一个麻袋，鼓鼓囊囊的像是装满了钞票。

“你现在倒是阔了啊！”奴才冷冷地说。

“哪里哪里，都是小本生意攒下的零钱，现在准备借给你家老爷。”中国人很有礼貌地回答。

“混账！无理！我家老爷这样富有，会向你借钱？你抢了我的工作，还想抢占我的房子，你以为我是傻子吗？”

奴才的声音越来越大，最后惊动了老爷，也引来了聪明人。

“这个中国人抢我工作，妄图占我房屋，我正要把他打跑！”他恭敬而得胜地说。

“你不错。”老爷话锋一转，“大胆中国人！光天化日之下做出此等不堪之事！先生，你一向博学，应如何处理？”

“吊销杂货铺执照，处罚金，扣上‘破坏社区稳定’的帽子游街！”聪明人不失时机地建议。

“我……”不等中国人申诉，聪明人已经把事先印好的传单撒得满天飞。“中国人可恶！”“打倒中国人！”抗议声在奴才中蔓延开来，中国人无奈地躲进了杂货店。

“先生，这真大快人心啊！你先前说我会好起来，我现在果然舒服多了。您实在是高明！”奴才高兴地说。

“可不是么……”聪明人面露喜色，转身进了老爷的府邸。

几天后，中国人的店破产了，整个社区却因买不到日常用品而陷入萧条。奴才们的生活更加困苦，游行还在继续。老爷和聪明人躺在高大的院墙后的躺椅上，品着清茗，商量着中国人下一个罪名……

中国在世界上的处境确实不好，经常被所谓的“聪明人”诬陷为“不民主”“操纵货币”“打破世界战略平衡”等等。因为中国缺乏国际话语权，遭抹黑后无法有力有效地在世界上回击。话语权，意为控制、影响舆论走向的支配力量。中国话语权的缺失，在政治、经济、文化三方面均有体现。

在政治问题上，国家掌握话语权的关键在于掌握具有世界影响力的媒体。当代国际政治普遍搞的是宣传的把戏，谁最先发布有利于本国的信息，同时屏蔽不利于本国的丑闻，谁就可以在国际政治斗争中掌握主动权。目前中国的官方媒体尚且不能在世界范围内与欧美主流媒体展开全面竞争，所以中国在国际政治上总处于被动。比如，为什么四百年前欧洲人从非洲掠夺原材料与奴隶叫作“为非洲带来文明的曙光”，而现今中国帮助非洲修铁路、合作开矿、免除债务就被称为“新殖民主义”？为什么美国在世界各地建立军事基地叫作“维护世界和平稳定”，而中国对自己的岛屿宣示主权，研制出一些美俄二十年前就拥有的武器就是“中国威胁论”？为什么美国武力清除“占领华尔街”的示威人员在报纸上出现了几天就销声匿迹，而中国维护社会稳定合理合法逮捕打砸抢烧人员西方媒体却连年聒噪？因为，西方媒体比中国媒体更具世界影响力。

自现代大众传媒出现起，西方媒体已经持续发展了百余年，在世界范围内获得了公信力与影响力。西方政府正是借助本国媒体掌握了国际话语权。2011 年《世界新闻报》窃听丑闻爆发，媒体很快曝光英首相卡梅伦及多名英国政要是新闻集团董事长默多克家的座上宾。其实政客与媒体联姻早就不是什么新闻，在金钱是唯一标准的西方选举中，候选人只有掌握宣传机构才能扩大影响力竞选成功。而西方媒体若想扩大市场份额也必须获得政治上的保障，双方一拍即合。于是，西方新闻界的黄金准则“真实、准确、独立、尊严”被一部分西方媒体抛到九霄云外。把 3 · 14 打砸抢烧的视频移花接木，向全世界播放假视频，CNN，你真实么？俄罗斯反普京集会，数千人参加报道为一百万人参加，BBC，你准确么？政客的反华言论拿来就用，广大的西方媒体，你独立么？为了百分之几的市场占有率，对政客投怀送抱，甘当反华马前卒，你还有尊严么！

尽管一些媒体或是媒体中的一部分人已经沦为西方政客的发声筒，但这并不影响其掌握世界话语权。因为全世界总共只有这几家大媒体，这就是垄断的威力。媒体和政客可以通过垄断与谎言不断缝补自己的公信力，时至今日西方媒体仍在标榜自己的独立精神，然后通过看似公正的报道抹黑中国。还举上文的例子，中国在非洲有很多企业，中企有很多非洲雇员，难免与哪个雇员发生劳资纠纷或是在建设过程中多砍了几棵树木。中企都可以通过得力措施来弥补这些过错，但西方媒体不给中企这个机会。“中国虐待非洲员工”“中国破坏非洲生态”“中国搞新殖民主义”马上出现在第二天头版。“企业”两个字省了，一下从个体行为上升为整体行为、中国的行为，不明就里的西方民众比较相信向来“公正”的媒体，于是中国的形象又被抹黑一笔。

现代信息社会，媒体是“巧实力”“软实力”的重要一环，国家形象的塑造很大程度上依赖媒体。中国媒体已经做出了很多努力，但还不够多。毕竟对外开放仅仅三十年，中国媒体还没有找到自己合适的位置。世界大事发生，首先发声的基本都是欧美媒体，少见中国媒体的身影。CCTV 虽然在大多数国家落户，但其报道能否使人信服，其展现的中国能否被外国人所接受仍是个问题。西方政府深谙宣传机构的重要，必定会用尽手段保证自身控制的媒体的绝对权威与绝对话语权。中国媒体若能突破西方媒体的信息垄断，将真实的中国展现在欧美大众面前，在经过加工的中国信息于欧美大众心中形成先入为主的印象前先报道中国，让世界听到中国的声音，就一定能改变中国的形象。

除了媒体，中国政府也在不遗余力地向世界展示真实的中国，藏学家代表团出访世界各地介绍中国情况就是例子之一。但这种方式是不是太官方、太正式了？中国人认为整体的作用大于个人，因此派遣代表团介绍中国。但这介绍不是讲给西方政府的，而是讲给不了解中国的西方大众的。西方百姓似乎更能接受一个中国人而不是一群中国人来到社区公园，和你聊天，讲讲自己生活的细节，而不是古板的数据陈列。我在美国做交换生时经常和接待家庭谈我在中国的生活，他们很愿意听，有时还会打听中国社会是什么样子。其实所谓“反华”都是政客炮制的把戏，老百姓对一个相对陌生的国度永远是充满好奇的。中国每年出境旅游、交流人员很多，政府应该重视这些人的力量。个体往往比整体更能渗入到西方社会的深处，滋润那些对中国充满好奇的心灵。前不久看到一份介绍挪威的小册子，是挪威政府发给出国人员用来宣传本国的，里面讲了挪威社会的方方面面。小册子很薄，也没有说教式的语言，人们读完后可以对挪威有个大致的了解。如果西方民众了解了中国，很大一部分明显毫无事实依据的指责就会不攻自破，这就是润物细无声的宣传。可惜，我没有看到什么宣传中国的小册子。的确，中国是个好故事，可是没有人讲好它。

如果说政治话语权的缺失是因为表面功夫不够，缺少媒体包装国家形象；那么经济话语权的缺失就是因为内在功夫不精，我们的法律不够完善，不足以向世界正确地传达利益诉求，更不用说充分维护我国的经济利益。

在经济活动中，中国总会遭遇“得理不得利”的尴尬局面。比如最近的欧盟对中国太阳能光伏企业征收惩罚性关税事件。尽管欧洲专家通过数据表明中国的低成本太阳能设备有利于欧洲光伏产业发展，尽管中国企业可以促进欧洲就业，尽管欧盟 27 国中有 17 国反对征税、仅有 4 国支持，但最终欧盟仍决议对中国光伏产品征收税率为 11.8% 的临时反倾销税。虽然中国占据理论优势，但最终受损失的仍是中国企业。其实贸易摩擦并不稀奇，美国和欧洲盟友之间也常有贸易纠纷，通常情况下，欧洲国家会根据世贸组织规则上诉反击。但同样作为世贸组织成员国，中国在贸易官司上的败诉率远高于欧美。世贸组织本应协助在世界范围内消除贸易壁垒，促进公平竞争与公平贸易，但对于中国来说，世贸组织似乎是加固西方贸易壁垒、解除中国贸易武装的帮凶。欧美对中国征“双反税”征得理直气壮，因为经世贸组织裁决，这些措施往往合法。合的是什么法？合的是由欧美制定、由欧美律师解释利用，最后大多数由非中国籍法官裁定的法。我并不过多质疑欧美司法的公正性，只是对中国利用法律，利用游戏规则的能力感到失望。

在国际贸易中，中国在立法、司法环节全部占尽劣势。首先，现行的游戏规则由欧美政府、大公司合作制定并不断完善，表面上公平公正，实质就是为维护发达国家的利益，阻止新兴国家从资本市场中分一杯羹。例如，美国法律在知识产权保护方面的“337调查”规定，一旦某公司遭到侵权诉讼，需立即停止销售行为直至审判完成。这就意味着美国公司可以仅凭蛛丝马迹就向中国企业提起侵犯知识产权诉讼。在冗长的调查、取证、审判过程中，中国公司须在美国停止相关产品销售，任由美国公司占领市场。审判完毕，不管结果如何对中国已无意义，市场已被美国企业占据，中国必须花大力气开发新产品，之后再迎来新一轮的不公正审判。所以，赢官司赔钱，已成为制约许多中国公司开拓海外市场的障碍，中国老板赢得诉讼也无法扬眉吐气。几轮诉讼下来，实力再雄厚的企业也会倒在美国企业的车轮战下。

有人会问，美国企业可以起诉我们，我们不可以回击么？答案是：不行。曾经听过某著名法学院教授的讲座，他说，在世贸组织法庭上能熟练地根据相关法律进行辩护的律师，中国拥有的不及美国一家大型跨国公司拥有的多。立法上被牵着鼻子走，司法上又挨打而不能还手，在法理上不能服人，中国没办法将自己的“理”合理地表达，自然得不到“利”。现在的世界逐步向完善的法治社会发展，欧美尤其重视游戏规则。中国在商法上的缺位，让中国在世界上丧失经济话语权，损失本可以维护的利益，令知识产权保护、良性竞争的发展在国内举步维艰，让外国投资者因为对知识产权保护的担忧而有所顾虑。法律缺失，无疑是中国“得理不得利”的关键原因。

虽然情势严峻，但凭借联合国常任理事国和世界第二大经济体的地位，中国在政治、经济领域还拥有一些话语权。然而，在包括意识形态、价值观、体育、艺术等方面的广义文化领域，我们的话语权至今仍少得可怜。伦敦奥运会上小将叶诗文的出色表现令人眼前一亮，但随后无端的兴奋剂指责又令人气愤。正是因为中国缺少文化话语权，控制舆论的能力弱，国外好事者才有恃无恐，屡次挑衅。为了扩大文化话语权，中国必须拥有两件武器：普世价值观与大国心态。

反华言论之所以在西方有市场，关键在于中西民众之间存在着价值观的隔阂。西方主流价值观包括个人主义、自我实现、张扬个性、鼓励竞争等等，而中国“价值观”则以集体主义、低调内敛、重视家庭社会稳定为主。面对相对陌生、价值观又与自己截然相反的中国人，西方人自然会产生距离感与不信任感。例如，在中外贸易谈判中，西方人喜欢提出条件，直入主题；而中国人则采用迂回战术，从一些小问题入手逐渐进入主题。结果西方人认为中国人无诚意，中国人认为西方人太强硬。无形的价值观支配着人们的行为，产生了有形的影响。

其实两种价值观并无优劣之分，完全可以各取所长。然而历史上中国或是固守本国价值观将西方价值观完全排斥，或是被动遭受西方价值观的侵略，双方民众没有机会深入平等地了解对方的价值观。现如今，欧美国家都在重视价值观的输出以增强本国文化的向心力，西方价值观借助音乐、电影、网络等媒介进入中国，强烈冲击着本土价值观。中国是时候开始反击，转变文化领域“西攻中守”的局面了。

问题是，我们拿什么价值观向外输出？上文说到中国“价值观”时我加了引号，因为“集体主义、低调内敛、家庭为主……”是所谓专家对中国价值观的解释。假如我们也用电影把这套价值观向外宣传，外国人会拿着中国新闻问：“中国有许多假公济私、贪污公款、自我享受的官员，有为了利益出卖国家机密情报的人，这怎么能够体现集体主义？中国的网站上天天有人高调炫富，在国外的中国人大声喧哗，这怎么能够体现低调内敛？中国的子女回家看望老人要法律强制约束，空巢老人、留守儿童以千万计，这怎么能够体现家庭为主？”

我们不用尴尬，随口就可以回答：“你说的只是中国人的一部分，不能代表全部中国人的价值取向。”

“你说的一部分已经超过我们国家的人口，比例再小也是一个数量绝对庞大的群体。”

这下我们哑口无言了，每当社会上出现与主流价值观不符的价值取向时，国内媒体习惯将其归在少数人头上。但当外国人今天看到十个自私自利的人，明天看到十个高调炫富的人，后天看到十个漠视家庭的人后，他不会去调查这部分人在中国社会中占多大比例，只会质疑中国宣传的价值观是不是真实。值得世界信服的价值观并不是专家们刻意总结的结果，而是全民族综合素质提高后每个国民自然流露出的文化底色。

所以国家目前应该继续花大力气提高公民素质，同时扩大开放，既然中国媒体抗衡西方媒体路漫漫其修远，我们不妨把西方民众请进来，让更多的人亲自触碰中国社会，从那些真正代表中国主流价值观的好人好事中逐渐理解中国价值观，理解中国人的思考方式，消除双方价值观的隔阂。如果真正的中国价值观能在西方民众心中留下印记，中国在世界文化战场上发声时就会赢得许多理性的评价，凭借越来越充足的经济政治资本，中国的文化话语权会逐渐增加。

然而有理性评价就有非理性指责，那些对中国怀有根深蒂固偏见的西方右翼势力注定永远与中国为敌。这些人对中国的偏见毫无根据，只源于一种过时的种族优越感。自这些右翼分子爷爷的时代甚至更早，中国就是一副失败的形象。于是优越感一代代积累，积累到这一代，这些人已经不能接受有人超过他们。其实中国人也曾是这种状态，鸦片战争前天朝国民的优越感远胜于现在的欧洲。只不过，中国人的优越感积累了几千年，而欧洲人所谓“世界最先进民族”的概念不过从工业革命开始。躺在功劳簿上睡觉，迟早要被打醒，一百多年前的中国人认识到了，现代的没落贵族们不论知道与否就是不愿放下优越感，平和地接受中国的复兴。中国不用正面与之交锋，保持大国心态，在世界上营造一个宽容、大度、理性的大国形象，任由这些人去胡闹，等到文化实力强大到让这些人没有继续傲慢的资本，中国就可以很从容地从西方右翼分子手中夺过文化话语权。

总而言之，中国崛起必须获得与自身地位相符的国际话语权，这项工作任重而道远。

三代人的战争

房文雨

在许多现代家庭中，由于激烈的社会竞争，父母大多为了养家糊口而忙于工作，所以没有时间来照顾孩子，于是把孩子的教育问题交给孩子的祖父母。教育孩子的责任就落到了祖父母的身上，而父母主要为孩子的教育提供经济保障。这就是我们所说的“隔代教育”。

在当今社会中，这样的现象越来越普遍，而随之出现的问题也越来越多。例如，济南的一位家长，由于忙于事业，将孩子从小交给爷爷奶奶带，孩子现在上初二了，学习成绩差，在班里倒数第二名，有很多科目不及格，夫妻俩想教训几句，爷爷奶奶还护着。夫妻俩不敢跟老人争辩，只能干着急，总想背着父母教育孩子，但只要父母一生气，孩子就拿爷爷奶奶当挡箭牌，父母又不能拿老人怎样。有时爷爷奶奶也想教育教育孙子，但呵护惯了，在孙子心中没有威信，每次教育，孙子总是一溜烟地跑了，犯了错又躲在爷爷奶奶身后。整个家庭教育乱糟糟。

这场“战争”本来只是父母教育孩子的事，却因为祖父母的参与，变成了三代人的战争。不懂事的孩子把父母的教育当作对自己的刁难与折磨，表面上虽然唯唯诺诺，但心里却存在一种反抗意识。这种隔代教育的方式让孩子找到了“战争”中的“盟友”，孩子可以利用祖父母对自己的溺爱，明目张胆地与父母作对。

有时家庭教育中，祖父母会成为父母教育孩子的“拦路虎”。因为现在每个家庭只有一个孩子，当父母把教育的重任交给祖父母之后，祖父母便会对孩子百般疼爱，孩子就是他们的掌中宝、心头肉，为孩子把一切事情都打理好，以至于对孩子的呵护变成了溺爱。当父母教育孩子时，祖父母便会百般地护着家中的这个“小皇帝”。

父辈和祖辈的主观愿望是一致的，都是希望孩子健康地成长，受到良好的教育，只不过他们对孩子的教育方式不同。父母教育孩子是直接指出孩子的错误，然后告诉孩子该怎样做；但祖父母辈总是认为孩子毕竟还小，不需要用这么直接的方式，便会容忍孩子的小错误。这样做的结果是孩子的小错误越积越多，最后导致了大错。父母对孩子教育不得，对老人也不能怎样，就这样处在两难的境地，教育一次次搁浅，战争难免会爆发。

多一点沟通，多一点交流，也许是解决三代人的战争的最好办法。父母争取在教育孩子的方式上与祖父母达成一致，同时也要让孩子明白长辈们对自己的苦心，这样家庭会更加和谐，三代人的战火才会静静熄灭。

徽商兴衰的原因及给当代人的启示

刘韫嘉

徽浙两地对晚清巨贾胡雪岩究竟祖籍何处的争论持续了近一个世纪，热度仍然不减当年。现代通行的档案记载着“胡光墉，字雪岩，徽州绩溪人”，而杭州却又声称发现了刻有胡雪岩家族几代长者生卒日期的墓碑，大抵把其祖坟定位在了杭州市郊。我想，这种争论的出发点也许并不仅仅是希望在其地方志上添上“本地有清末‘中国首富’”这样光彩的一笔，更重要的还是对百年辉煌的徽商文化的由衷拥戴。

从明代第一批徽州人抱着“穷则思变”的心态走出黄山脚下的沃土开始，徽商就在历史上撰写下了一段难以复制的传奇。作为纵横商场三百余年的商帮，徽商的兴衰中或多或少地反映出历史的变迁。而细细琢磨各种原因，又能够给当代人以极大的启示。

一、吴头楚尾

“八分半山一分水，半分农田和庄园”，依山傍水的徽州自古就凭着如画的风景吸引了全国各地的富商大贾来此定居。温和的气候、充足的降水为这里的农业创造了极佳的生产条件，即便是土壤贫瘠的低山丘陵区，徽州人仍然种出了如太平猴魁、祁门红茶这样驰名海内外的徽州茶叶。然而，随着人口数量的持续增长，有限的耕地已经不足以养活这片土地上大大小小的家族，于是，徽州人放弃了诗意田园的理想生活状态，走出世代栖居的山山水水，踏上从商的漫长旅途。

徽商依靠家乡丰富的物产，很快经营起盐、典当、茶、木四大项目，获取了丰厚利润。加之徽商的家族观念大多很强，出门经商时同族总是能紧密团结在一起，便渐渐成为有权有势的商帮之一。

二、贾而好儒

“前世不修，生在徽州，十三四岁，往外一丢。”一首歌谣唱尽了徽州男人的无奈。由于自己幼年时就被生计所迫跟随同族长辈远赴异乡经商，徽州男人更加重视自己孩子的教育问题。在宋明理学的影响下，徽州人坚定地认为只有读书考取功名才是正正经经的成功之路，由此寄希望于自己的孩子日后能金榜题名，光宗耀祖。然而根据明末文学家凌濛初在《二刻拍案惊奇》中的记载，徽州的风俗始终是“以贾为第一等生业，科第反在次等”。这些堪称学富五车的孩子们最终大多没能如前人所希冀的那样走上仕途，而是蜕变成为新一代商人，继承其父辈的传统，带着徽商这个响亮的名字四处闯荡。

虽然没能如愿“金榜题名”，但重视教育的传统却为徽商赢得了“贾而好儒”的赞誉。儒家思想讲求诚信与涵养，这或多或少地影响了徽商的经商理念，使其在三个多世纪的交易中始终不辱“儒商”雅号。

三、红顶商人

提起红顶商人，恐怕首先就会想到清末“中国首富”胡雪岩。此人经商之初便积极与官府中人打交道，以谋求政治上的地位，为日后在商场的打拼奠定坚实的基础。其实，胡雪岩并不是徽商从政的第一例。早在一百多年前，著名徽商胡贯三就与当时的宰相曹文植结亲，从而借助政治力量为自己的经营保驾护航。

商政结合的现象在徽州商人中并不罕见，徜徉在徽州古镇西递、宏村，亦有不少豪宅是当时官员的祖居。徽州人重商，“以货殖为恒产”，却也深知自己的命脉始终掌握在官府手中。徽商纵横数百年的传奇，大概也是建立在这一认识的基础之上吧。

四、立节完孤

徽商发迹于全国，其光芒背后，有一群女人的功绩是不可磨灭的。“一世夫妻三年半，十年夫妻九年空”，徽州男人在完婚不久后便离乡从商，若是不能荣归故里，就只得客死他乡。于是家中的大小事务就全部交由徽州女人处置。赡养双亲、教育子女、维持家庭……这些重担练就了徽州女人坚韧勤劳的性格。可以说，正是有了徽州的女人，徽商们才了却了后顾之忧，得以轻装上阵。

五、末路之战

徽商是封建经济的产物，随着我国资本主义萌芽的出现和外国资本主义经济的入侵，不能适应时代变迁的徽商也终于在一次次打击中走向末路。虽然红顶商人胡雪岩曾聚集全国经济势力与殖民经济抗衡，但最终还是以一败涂地的结局草草画上了句号。

徽商兴起于盐、典当、茶、木，衰落却也在这四字之上。道光年间，两江总督陶澍针对淮盐积弊，宣布实行“票法”，一时间徽商应追还的数千万两盐课化为乌有，徽州盐业遭受重大打击。康乾年前对典当行业严加管控，又增加典税，使徽州典当业陷入困境。鸦片战争后，列强竞相对我国进行商品输出，曾经盛行一时的徽墨受到舶来品的冲击，销量大不如从前。如此一来，少了最赚钱的四个门路，徽商的衰落也是在所难免。

徽商坚持封建式的生产和经营模式，与历史发展趋势背道而驰，逐渐在与江浙商人和官僚买办的竞争中败下阵来，结束了长达三百余年的商场生涯。从此，徽商这个名字也同徽州一起，被埋没在历史的尘埃之中。

六、零星思索

徽商在我国从一千多年前就开始的重农抑商的大背景下取得成功并不能归于偶然。在徽商的经营理念中，以善为本、以和为贵、以德为基这样的字眼比比皆是。讲求信誉，以义取利的道理推而广之，可以给当代人以很大启迪。如今我们呼吁诚信社会，其中的做法便可从徽商的经历中略寻一二。

除此之外，能否紧跟时代的步伐也是决定事业兴衰的重要原因。徽商之所以被时代所淘汰，是因为其固守祖制，不知变通。放诸今日，也可警醒那些保守刻板之人摆脱束缚，与时俱进、锐意创新。

还要说回关于胡雪岩祖籍的争论。其实无论最终判定胡雪岩是地地道道的徽州绩溪人还是如碑中所刻籍贯杭州，他的传奇都足以作为叱咤风云三百年的徽商故事之缩影被永世传诵下去。

由冬至引发的联想

吴思萱

2011年寒意甚浓之时，冬至与圣诞节几乎在同一时刻如期而至。街上的小贩开始兜售圣诞节挂件，商家也以圣诞节为契机推出自己的打折促销方针。而此时，关于冬至，除了一些身着校服的年轻人组织了小型冬至宣传活动，社会上几乎无人问津。

为什么我们会对各式的西方节日如此熟悉，却对本国的传统节气毫无知晓？圣诞节的背后有西方人耳熟能详的故事，冬至其实也承载着中国的文化传统，只不过我们了解的还太少。从中国的大门在近代被英国的枪炮攻开那一刻起，西方文化便开始了它的渗透过程。那时的中国人觉得传统的儒学文化落后，于是开始拼命汲取西方文化的养分，无论是学习西方技术的洋务运动，还是学习西方政治制度的戊戌变法，抑或是学习西方思想的新文化运动都无意间给我们一种错觉，即西方的才是最好的。也许它只适用于那个年代吧！历经几十年的沧桑，中国人其实已经觉醒：孔子“仁”的学说也好，老子“无为”的理论也罢，都有其特殊的价值与现实的意义，但好像我们追逐西方文化追逐久了摆脱不了那一种惯性，无法在一时间回到自己原先所处的轨道上。

这时，应该引入外力，即在新的世纪里发展我们的文化、宣传我们的文化，引导一些坠入迷雾中的中国人重新回到路上。传统的文化要在新的时代里重获生机与活力，应适当改变以符合现代的审美与要求。因为文化的传承并不意味着一成不变，改变也并不意味着损毁与衰落，发展传统文化，取其精华，去其糟粕，只为防止它在新时代的潮流中被冲走，烟消玉殒。

其实，西方的文化可以走入中国，中国的文化也一样可以走出去。但切记文化走出去要摒弃迎合的心态，即不要以满足外国人的文化需求为目的走出去，那样结果只能是文化艺术匍匐跟随在西方趣味、理念之后。中国的传统文化要以独特的感召力走出去，展现中国的精神风貌。

“龙”自古是中华民族的图腾，但西方人曾取笑：“中国为什么要用一条病蛇作为标志？西方的龙都是有翅膀的，而中国的龙居然没有翅膀。”中国龙在近些年已有开始腾飞的迹象，设想如果把优秀的传统文化化作两翼插在中国龙的身躯上会怎样？

我想，有了双翼的中国“龙”必将翻腾于沧海苍穹之间，洒脱豪迈腾空云际。

未知探索进步

孟玳

我们生活的地球，只是茫茫宇宙中一颗普通的行星。人类，有太多的未知、猜想——蔚蓝星球之外，那奥妙的巨大空间总引领着人类不断探索，不断进步。

从原始社会起，人类就开始了对未知领域的探索。原始社会时期，古代中国的神农氏为人类社会做出了重大贡献：神农氏观察到部落间疾病传播极快，人口死亡率极高，原因便是当时的原始部族对药草不甚了解，无法通过有效途径控制疾病，于是他开始了漫长的试药之旅。神农尝百草，几十年如一日，他经历过毒草害身的惊险，克服过未知药材的艰难，在药草这个神秘陌生的领域不断探索、实践。未知的世界终于向世人敞开一扇门——经过神农氏的整理编写，中国最早的药理书籍面世，从而保障了原始人类的生命健康。这不仅是原始部族的进步，更是整个社会的进步！

随着时代变迁，这个世界的未知之处一点点被人类所挖掘。世界犹如一个刚刚诞生的婴儿，等待世人细心的研究。15 世纪，著名的地理大发现使人类对未知世界的探索又进了一步。意大利航海家哥伦布，在经过近百日航行后，意外发现了美洲这一大片未知陆地。他欣喜地发现，这里气候适宜居住，矿产极为丰富，对当时人口饱和度日益增长的欧洲无疑是值得欢庆的好消息。这一时期的航海探索，使航海家们不断了解世界地理格局，为天文、科技等领域发展奠定了基础，更为世界市场的形成做出了突出贡献。

新航路的开辟，使得孤立的世界格局被打破，人类开始了全球范围内的通商、贸易。在全球化的趋势下我们仍未停止求知的脚步，我们仍在继续探索。从第二次工业革命前夕富兰克林发现自然界中“电”的存在，到贝尔发明电话、爱迪生发明电灯，历史一次次见证着人类对未知事物的探索，也不断见证着现代社会因这些发明而快速进步发展。

这个世界因为未知而神秘，而美丽，而得以存在。阿波罗登月，极地科考，神舟载人飞船升天……人类慢慢揭开世界神秘的面纱，人类正书写着最恢宏的壮丽篇章！

独自上路

韩靓

不知从小到大我们被教育过多少次要重视合作，人们这样说：“结伴上路，你能走得更远。”然而，我却认为对于合作的过度“神化”使我们忽视独自奋斗的重要性，忘记了“一个人上路，你会走得更快”。

记得高中入学教育时教导主任曾向我们强调一定要学会独立思考，学会一个人探路。诚然，如果借助同学们的合力，问题往往看似更容易解决，但事实证明选择独立解决问题的学生会强迫自己挖掘潜力——“蹦一蹦，够得着”，反而进步得更快，就好比斯巴达的小勇士们都会被要求独立在丛林里生存历练。毫无疑问，如果是集体作战他们可能会活得更久——考虑到那惊人的死亡率，但对于真正的斯巴达三百勇士来说，独自面对野兽、意外、挑战会使他们更为迅速地掌握生存技能，更快地通过测验，成为勇士之路上走在最前面的那一位。

在成长的路上，独自上路意味着更多地依靠自己，而非仰仗他人。没了手杖、拐棍，人必须学会如何依靠自己的一双脚踏平天下。没有其他的力量前拉后推，人便更加懂得为自己积蓄力量的重要性，从而学得更快，走得更快。

独自上路，意味着更加专注。

我们常常赞美合作的甜香，而忽视那背后隐藏的一丝酸涩。团队合作、结伴上路不可避免地都需要将自己的精力分一部分给他人，而独自上路仅需要在意脚下的那一串脚印。在我看来这不是自私，而恰恰是一种专注。由于选择远方，便风雨兼程；而因为选择独行，便只需为头上的一方天空撑起小伞。“死不了”的贝尔是《荒野求生》的主持人，因为他的存在野外探险类节目办得风生水起，各种“夫妻档”“兄弟档”的新花样也层出不穷，但在探险这条道上走得最快的只有贝尔。难道和搭档一起上路不会走得更远么？在野外丛林，走得多远并不是唯一标准，如何迅速地跨越一片障碍物才是重中之重。而对于贝尔而言，他仅需在意自己，不必停下来“嘘寒问暖”：“宝贝，那蛇没咬到你吧？”“天哪，亲爱的，你在哪里？”路是自己的，独自上路，专注于自己的路，自然走得更快。

而茫茫就职路上，有人执着于“拉帮结伙”，希冀自己可以以此走得更远，却不曾想专注于自身，努力寻找能力突破口的人已然走在了他们前面。可见，迷信于“结伴上路”并不是成功的灵丹妙药。

独自上路，抛却杂念，专注脚下，你，会走得更快。

赴美交流感悟

赵鼎轩

临行前的晚上，一贯羞涩的 Grace 给了我一个拥抱，女主人 Paige 在房间里默默流下了眼泪，Larry 和 Jake 则用男人的方式表达了他们的不舍。轮到我在阁楼上静坐，伴着昏暗的灯光投下的形单影只的影子，从来都感情不那么细腻的我也从心底生出一份惆怅与思念。毕竟，21 天不寻常的经历，让我收获了很多。

多元化的美国教育

在国内，在很多现在看来很不负责任的人嘴中，美国教育等于轻松和简单。但真正在 BCH 上过课后才发现美国的教育和中国相比只有体制上的差别，内容上差别不大。

首先 BCH 的课程很丰富，我的寄宿家弟兄 Jake 有语、数、英、物理、美国历史和道德伦理 6 门课，而其他学生选修了希腊语、西班牙语等多种语言。美国 11 年级学习的数学叫“微积分初步”，涉及很多三角函数内容，它们或等于或难于中国高二的课程，所以从进度上讲美国是丝毫不慢的。其次 BCH 的课堂氛围并不像一些电影上演的那样老师在上面讲，学生在下面“无法无天”。的确，在中文课上学生们可以随意接下茬，无视老师的存在去聊天。但当老师禁止后，大家还是会安静一段时间的。而在其他比较严肃的课上，例如数学和物理，完全看不到嬉皮笑脸的学生。每个人都会紧跟老师，并且抓住每一个发言机会。在中国很多时候大家会出于不好意思沉默一节课，而美国的不少课堂气氛是严肃却学术气息浓郁的。但同中国相同的一点是，课堂取决于老师。我曾问过 Jake："BCH 有没有板着脸训学生的老师？"他答："有，在那些老师的课堂上气氛就会很沉闷。"

美国课程的大部分内容也与中国相像。在物理课上，老师先讲了一个概念，关于声波的传递，然后就开始讲例题，不断地变换数字，一节课就讲了这一个知识，课堂容量不及二附。因为老师说了一堆专有名词我没完全听懂，也许当堂内容十分重要，但我认为这种进度有助于学生打实基础。不可否认现在我在短时间内记住了几倍于别人的知识，但谁能保证如果我学后就不再用，几十年后还能牢记呢？在国内，很多时候同学不好意思在课堂上提问，习惯课下答疑。而美国的学生则习惯把所有疑问在习题课上提出来，因为 BCH 的课间只有 5 分钟，只允许学生走到下一节课的教室；午休更短到 40 分钟，想要在人潮涌动的食堂吃完饭就必须抓紧一切时间。

当然，也有一些课程是比较轻松的。所谓道德伦理就是一位十分和蔼的中老年夫人兴高采烈地为一群并不爱看的学生放三四十年代的奥斯卡奖电影。而中文课绝对是所有课中的特例，大家在一起用跑调的音儿唱《北京欢迎你》。唱过之后，台湾老师装作气愤的样子，把他们的随堂测验篇子发给我们判。定神细视半分钟后我恍然大悟，上面歪歪斜斜的字母原来是汉语拼音，于是我和几个同学一起用考古学家的辨认精神、数学家的耐心细致和文学家天马行空的想象力完成了判卷工作。说实话我认为四年的学习成果仅仅是这样不怪美国学生，他们学中文是完全没有压力的，完全出于兴趣。如果未来汉语取代英语，高考不再必考英语，还会有那么多人拼命去学吗？国力决定一切，一点不假。

在二附放学后会有很多人打球，但在 BCH 除非参加社团活动或校队训练，学生们大多会立即回家。因为一些学生家住波士顿城郊，需要赶火车，另外他们还有不少作业要写。我亲眼所见 Jake 一天的一项作业是用一晚上读完一本外国作家的书并写书评，恐怕宣传美国作业少的没谱的人又要歇一歇了。Jake每天两点半放学，但是如果面临高考的压力就要等到5点之后，他们要完成很多功课。我曾在一位全美SAT第五的学生家里看到十几本被翻得发黄卷曲的像《辞海》那么厚的书。想要进哈佛，哪国人都不容易。

因为大雪的缘故，我在学校的时间不到一周，但在这有限的时间里我已经感受到美国教育同时包含了严肃与随意、紧张与休闲。作为美国文化很重要的一部分，多元化成为美国教育的特点也就不足为奇了。

一个普通美国中产家庭的普通生活

在美国，我遇到的最幸运的事就是认识Jake一家，他们都是好人。热情、细心、善良，我没有必要像文学作品那样赞扬我的寄宿家庭，但他们给予我的帮助确实令我十分感动。在一个和我家远隔万里的陌生的国家里，他们细心地照顾我，带我到各处参观，告诉我关于美国社会的种种细节。

我的寄宿家庭姓Ransford，可以被看作一个标准的美国中产家庭。男主人Larry这样介绍自己的家庭："我们也许没法住在米尔顿（波士顿富人区，麻省州政府长官聚居于此），但我们几乎可以买任何想要的东西，我们的子女可以在不错的私立学校上学，不用为经济问题发愁。"以前经常听说中产阶级撑起了美国社会，总统竞选时候选人最关心讨得中产阶级的欢心，中产阶级过的是怎样的生活？我想把我看到的写下来。

衣。一家人穿衣是很随便的，除了Jake在学校必须穿带领T恤外没有其他限制，也没有人去刻意追求什么名牌，一切都很自然。但Jake给我看过他们参加宴会时的照片，每个人都穿得很正式，男士西服革履，女士身着典雅的晚礼服。在中国我只在参加模联会议时才会换上正装，即使这样走在学校里还会被各种目光所包围。而在BCH即使天天西服领带众人也熟视无睹。我认为现在很多公众人物西服领带配色能力有待提高就是源于缺乏年轻时的培养，大家把对正装的眼光放平和些有助于公民审美的提高。

食。女主人是附近有名的好厨师，所以我好好享受了一番新英格兰地区的民间吃食。早饭通常很简单，类似麦当劳热香饼的小薄饼或蛋奶星星。晚饭也并不复杂，烤牛扒、焙鸡翅、BBQ 酱肉末三明治、干酪配通心粉……我习惯了中国米饭的胃照单全收。因为男女主人都有英国血统，所以也将轻食重饮的传统带到了这里。家中的饮料品种很丰富，每次去超市，各种超大桶装的果汁会占据半个购物车；而剩下的半个购物车的食物会在不到一周的时间内莫名其妙地被吃掉，美国人的生活消耗确实不一般……

住。波士顿不是特大城市，狭义的波士顿城区住有不到一百万人，人们都喜欢住在市郊。美国的公寓很少，即使在闹市区也有很多房子。一般住宅区里的房子大小不一、形态各异。与欧洲的同类住宅比起来院子大很多，并且每家几乎都是双车库。目测最小的房子也应该在 200 平米左右，通常都是一层或两层，有角度陡的尖顶，角度缓的尖顶，还有下面陡上面缓的尖顶，带回廊的，不带回廊的，有凉亭的，有钟楼的，有游泳池的，有滑梯的。墙壁都是横排木板状，颜色却千差万别，同一种米黄通过深浅明暗的变化变成了十种颜色，这也就是波士顿街道看起来毫不杂乱却又不显沉闷的原因。波士顿人可以选择自己盖房子或从开发商手中买，为了街道的多样性开发商会和房主协商房屋样式，即使房主没有任何意见开发商也会把房子设计成不同的样子。

富人区里的房子则讲究得多。像米尔顿这样的大富大贵之地从街上是看不到所有房子的，因为房屋主人同时拥有面积很大的私人土地。而一般富人区的房子前面都会留出很广阔的草坪或种上大片森林，总之从房间里望出去能收获很好的景色。这里的房屋样式就不简单了，维多利亚式、地中海式、新古典主义，每一栋都值得去欣赏。

行。Ransford 一家有两辆本田，Larry 说也许不久后他会选择第三辆本田。的确，日系车在美国占据了大半壁江山，经常出现高速公路上日系车三车道并行的场面。思想成熟的中产家庭都会选择装载能力强的 MPV，并且大多数都是便宜省油的日本品牌；年轻人偏好皮卡，动辄三四吨的皮卡代表了美国的开拓精神，也是力量的象征；而有钱的黑人喜欢比较扎眼的车，能买法拉利就不买保时捷，能买宾利就不去想劳斯莱斯，这是对祖先压抑历史的反抗么?

波士顿、华盛顿、纽约比较

一个常人难以理解的比喻“我在波士顿感觉确实在超级大国，进入华盛顿感觉到了某个普通资本主义国家，再到纽约仿佛时空错位，第三世界欢迎你”听上去难以置信，可我的感觉确实是这样。因为华盛顿虽然有宏伟的国会大厦，但城郊老旧而且不大的房子和波士顿形成了反差；曼哈顿纵使繁花似锦，毗邻脏兮兮的唐人街也把纽约的形象拉下了一个档次。而且波士顿虽没有华盛顿、纽约繁华，但它给人的感觉是比较平均，没有极富也没有极贫，而纽约和华盛顿贫富悬殊太大。

三个城市共同的特点就是处处都能发现历史的遗迹。教堂就不必说了，波士顿市中心一个狭小的街区里竟容纳了四座各自蕴涵着历史故事的教堂，纽约华尔街街口就矗立着三次重建的三一教堂。三座城市里的其他很多建筑也保持着美国刚建国时的式样，其中很多并不是真正的古迹，有些只有几十年历史，但建筑师们为了保持城市整体的风格，不约而同选择了尊重历史。二百年相对于五千年太短，但在波士顿却可以找到统一的建筑风格，北京作为千年帝都，谁能说清她的建筑风格？老城区有四合院，有琉璃顶，还有个巨蛋；外城有 CBD 还有私搭乱建的活动板房，难道这叫融合的风格?

但我同时看到了祖国的优点，北京去年下过大雪后，环卫工人迅速清理了积雪。在波士顿和纽约，积雪由白变黑，再化成黑色的雪水，却始终停留在路面上，形成了整个城市肮脏的地基。

细节杂谈

税。在中国我们要交很多税，但都不会写在收据上，可是美国的各种税都会在小票上列得整整齐齐，时刻打消我购物的念头。衣服、ipod、麦当劳、果汁、模型、书，上至三十，下至三毛，税无处不在。

体育运动。这里的孩子几乎都会选择一项体育运动去训练。比如 BCH 的篮球队，从个人技巧到团队配合，从战术指导到现场发挥，从平时训练到后勤供给都比国内的高中球队更专业。最值得借鉴的就是美国学校对体育运动的态度，专业训练不等于放弃学习，仅仅是放松的一种方式。在国内很多地方进了校队就意味着一心一意只注重训练。Jake 同样代表学校去参加州际排球赛，但和别人相比，学习对于他没有任何差别。

成人自立。国内关于中国孩子满 18 岁也要向西方一样自立的呼声喊了很多年，不过请问成人自立最基本的条件是什么？要有供养自己的能力，最基本一点就是能挣钱养活自己。但是我们在 18 岁之前没有任何工作经验，一方面是由于法律禁止未成年人工作；另一方面是因为中国劳动力资源极度过剩，技术纯熟工作经验丰富的成年人尚且找不到工作，哪个老板会有心情陪着未成年人玩呢？这样就造成了中国城市孩子到了自立的年龄没有自立能力。不单是挣钱能力，不会挣钱就意味着不会花钱，不会协调与同事和老板的关系，不具备步入社会所需的基本常识。Jake 周末在附近的健身中心做游泳教练，每月有固定收入。但如果他想买 iphone 之类的贵重物品时还需要与父母商量，父母同意后他才可以用自己的钱去买。而他现在准备在半年之内买一辆属于自己的车，资金一半自己出，一半从父母那里借。17 岁的他，已经初步具有了供养自己、正确消费和步入社会的能力。国内大学生就业难不能全怪他们，从小没有锻炼，从象牙塔一步踏入就业压力比国外大几倍的职场，不是人人都能适应。

一个不了解并渴望了解中国的国家

在美国我经常会遇到一件令人气愤的事，地图上标注着中华人民共和国和中华民国两个国家，而且很多美国人并不了解台湾和西藏是中国的一部分。原因也很简单，我国政府派到美国交流的代表团大多太正式，以官方的口吻去介绍新中国，不易被普通老百姓听到；而反华势力头头总是很懂得蛊惑民众，比如亲自到 DUNKIN DONUTS 吃早饭以示亲民形象等等。

但美国老百姓非常想了解中国。在纽约大都会博物馆中国馆开馆前半小时，就会有很多参观者聚集门前，等待开放。时间一到，人流涌进中国馆，聚集在很多展品前细细欣赏，去过中国的游客就会跟同伴颇为严肃地讲解中国百态。从不少游客的神态中我可以看出，他们已经超越了对艺术的渴望，还想透过艺术去了解这个有些神秘的国家。女主人 Paige 在马萨诸塞大学研究女子政治，她就对中国的一系列问题感兴趣。虽然她是民主党的忠实拥护者，但她也并不相信民主党的一些反华言论，而是想从一个中国人嘴里了解真正的中国。我的建议是，少派些官方代表团，多增加学生交流互访，让中国人深入到美国社会的内部去介绍真正的中国。只有美国老百姓对中国有了正确的认识，才会敦促美国政府与中国友好共处，美国政府也会从选民的角度考虑，扩大与中国的合作。

一个人的旅途

邱玥婷

有人说："想要走得远就结伴而行。"然而我认为每个人的人生终究是属于个人自己的，这漫漫人生旅途还需一个人来走。

独自上路并不意味着力量单薄、步履缓慢。相反，当你轻装上路，你无须考虑同行人与你相左的提议，不用委曲求全以顾全团体大局，不会在纷繁复杂的集体问题中丧失激情、感到迷茫。当你一个人，你只需照顾好自己，你方向明确、目标坚定不动摇，你大可放心大胆地向前进发，直朝梦想彼岸快速前行。

然而有人疑惑道："旅途中遇到困难与障碍该如何？众人的力量岂不是更大更强？"诚然，人生的道路不可能坦坦荡荡、一帆风顺。当你面前荆棘密布，当旅途中风雨交加，你确实会希望有"众人拾柴"、有伙伴帮助。我也认同"人多力量大"的道理，但是他人的帮助只能助你一时一事，不能助你一生。过度依赖于团体的力量会导致你缺乏度过人生寒冬的勇气与毅力，更无法为你带来真正能力上的提高、精神上的独立与成长。

你的一生终究要一个人来走。在人生的旅途中，你也许会碰到不错的同路人，幸运的话能遇到志同道合的伙伴，可是他们也终归会于你人生列车的某一站提前下车。马克思与恩格斯这一对为世人广泛传颂的共同奋斗的好伙伴，不也最终因马克思的去世而仅剩恩格斯一个人继续孤独地上路？父母、儿女、夫妻、朋友，尽管关系再亲密，我们也得承认并接受他们无法与我们相伴一生的事实。作为独立的生命个体，我们的一生注定是一个人的旅途。

虽然在这一个人的旅途中少不了孤独寂寞与磨难挫折，但是正是它们让我们学会擦干眼泪，背起行囊，勇敢地独自面对与挑战一切路途中的艰难险阻。正是因为一个人，我们才从依附于群体的小草成长为一棵独立于世间的挺拔大树，我们才真正获得了勇气与坚强，我们的人生之路才走得更快、更远、更长。

想要走得快，就要独自上路；想要走得远，也请独自上路。在这一个人的旅途中，我们感悟，我们独立，我们勇敢，我们坚强，我们成长。

独自走天涯

张卓

人是一种群居动物，想摆脱与外界的联系，与他人、社会完全隔离是不可能的。但想要走得快，就要单独上路，而这种“单独”绝不是将自己变为世界中的孤岛，这种“单独”是要我们上路之前抛下应该舍弃的东西，轻装上阵，独自走天涯。

告诉你的领路人吧，单独启程。人生道路上的领路人，可能是你家财万贯的父母。告别他们，不仅宣告着你没有了背后坚实的物质后盾，更给予你一个宝贵的独行之机。你不必担心一定要子承父业，生命的旅行会激发出你更大的、在温室中无法发挥的潜力。像独走天涯的切·格瓦拉，他告别了阿根廷家中的富足与闲适，只身走到丛林之中，为自己心中自由与权力的种子奋斗终生。他的行走不再带有父母——领路人的色彩，他也便更加坚定与毅然地投身到南美洲的解放与独立的运动之中。他的单独行走，是摆脱了富足安逸之后的自我奋斗！他的单独行走，促成的不仅仅是自己在历史上留名千古，更推动了南美洲民主化的快步前进。

若是如今无所事事，依存于父母臂膀之下的富二代们能告别自己的领路人，告别那种安于现状、缺乏斗志的生活状态，放下无所作为的思想包袱，那么一定会有更多个成功的传奇青年，更多股推动社会更快发展的新生力量。单独上路，能让人在独立之中拥有更大潜力；单独上路，能让人更快收获最纯粹的成功。

告别你的同行人吧，单独启程。你的路上有仅属于你自己的风景，流连观望同行人的路，只会让你犹豫不决、踌躇迟疑而放慢你的脚步。还在计较为什么同行人与你花费了同样的努力却得到更好的结果？还在迟疑同行人对于名利的趋之若鹜的追逐是否已背离了你自己的价值观？告别同行人吧，单独上路。像托尔斯泰面对“脱离大地”无限虚浮的同行创作者时，毅然与之诀别，掉头单独走入充满责任与道义、苦难与坚实的历史文学之中。他的独自前行，使他的文学能永远充满着人民的气息；他的独自走天涯，使他的文学不在云端曼舞，而在大地匍匐，在朴实之中享受永远不朽的完美，收获更加快速高效的成功。

若是你看到同行之人已被社会的风霜抹平了棱角，吹凉了热血，那么告别你的同行人，单独启程。只身一人的前行不会让你茕茕孑立，耳边的清净与内心的坚定会助你更快前行。独自走天涯，会让你更加执着于自己的路，更快地到达梦想的地方。

单独上路吧，只身一人能让你免于背上沉重的思想行李，能让你拥有更大的潜力、更坚定的信念快步前行。独自走天涯，依靠自己的力量，坚持自己的信条，闯出一片属于自己的天空。

让我握住你的手

张卓

喧嚣，汽车驶过，尾气的余温让我忘记了迟来的冬季；喧嚣，文坛杂论，文风的污浊让我挣扎着睁开双眼；喧嚣，文化注入，快餐式的生活让我呼唤：宁静，让我握住你的手。

城市中从未有一刻因寂静呈现，各种声音让我来不及接收，可这些声音的汇杂，让我的耳朵渐渐失聪，我，听不到“秦淮水榭花开早”，听不到“夜船吹笛雨潇潇”，听不到“千树万树梨花开”，听不到“北国冰封，万里雪飘”。而我却被喧嚣带到市中心，只听得鸣笛；带到大工厂，只听得机车轰隆；带到市井人语间，靡靡之音间，刺耳尖叫间……我呼唤：宁静，让我握住你的手，避开喧嚣，别让自然中的清灵声响化作纤细的微火，一阵城市风袭来，就把它吹得只剩灰烬。

有时，我像这一时代的书籍弃儿，我不懂得书页中突然跃出的网络语言，我不了解有人为之痴狂的新时代“写手作家”，我不明白为何文坛如此？时代的喧嚣把人们拉入快节奏的恶性循环，如今的书也免不了入俗地迎合城市中人们喧嚣浮躁的心，只顾得书中闪光的拜金、刺激、激情或快感。谁来拯救失落的书？我想，是心灵的宁静与诗意的宁静吧。

宁静，让我握住你的手。让我能潜心体味施笃姆，遥瞰那闪着银光的茵梦湖；让我能用心钻研《基督山伯爵》，动魄于那快意复仇；让我能细品苔丝的凄凉，同情安娜的卧轨，曹雪芹的《红楼梦》，苏东坡的诗文，陶醉于《史记》，沉浸于四书五经。

世界的改变总比想象中快得多，昨日的人群还追捧“哈日韩”，今朝就又被拉入“欧美阵营”。今日，宁静，让我握住你的手，找回中国文化是“百行孝为先”，是“百识学当首”，是“淡泊以明志”，是“宁静以致远”；是“呼儿将出换美酒”的豪情万丈，是“一蓑烟雨任平生”的潇洒豁达，是“安能摧眉折腰事权贵”的清高，是“不为五斗米折腰”的骨气。

宁静，让我握住你的手，免让心灵跟着这个快节奏的时代一起焦灼躁动；免让心灵煎熬于快餐审美，以貌取人；免让中国文化成为往圣之绝学，免让坚守中国文化的志子们做麦田的守望者。

宁静，让我握住你的手！

当梦想照进现实

方文正

相信无论是谁，年少时都曾有过不切实际的梦想。有的人想成为身富异能的超人，将拯救世界的重任一肩担下；有的人想成为叱咤风云的将军，谈笑间强虏灰飞烟灭；还有的人想成为翱翔天际的宇航员，在瑰丽的星云间漫步……在童稚的眼睛看来，世间一切皆有可能，充满了无限可能性的人生是那样地令人愉快，值得期待。

然而在残酷的现实面前，世界往往并不那么令人着迷。人们渐渐会发现，自己的人生事实上既不特殊也称不上波澜壮阔，年少时的梦想在生活面前根本没有存在的余地。自己往往只是个在格子间里庸庸碌碌的小职员、在流水线前辛苦劳作的技工，徒然看着时间如白驹过隙般从身旁流过。巡道工老计的生活，正是绝大多数人生活略显夸张的写照——一生守在同一条铁道旁，提防着或许永远不会出现的落石、滑坡、倒树和泥石流，每天在荒烟蔓草的大山中跋涉二十里路，只有辛劳和孤独永远如影随形。

于是生活的重负下，曾经的超人、将军和宇航员消失了，留下的只有一个个正在老去的幻灭的人，面对着日复一日的重复劳动、爬上眼角的鱼尾纹和自己平淡无奇的人生空自悲切。曾经看过一部小说《你在天堂里遇见的五个人》，里面孤独地在游乐场当了六十年修理工的老人艾迪，或许在天堂里喊出了所有人的心声：“我很难过，因为我什么也不是，我一事无成！”

不过这样平凡的一生当真就只能算一事无成吗？这样生活的老计以及千千万万与老计一样的人就真的不幸福吗？梦想照进冰冷的现实后，就真的只能蒸发得无影无踪吗？

不，当然不是。每一份工作每一个人生都是有意义的。我们眼中五彩缤纷、光怪陆离的社会存在的基础，恰恰正是那些坚守自己平凡岗位的人的付出，就像随风飘动一望无垠的大草原由一株株小草组成，脍炙人口的美文由一撇一捺书写而成一样。千千万万老计这样的人数十年来不分寒暑地付出保障的是我们所有人的生命安全，就像小说中那个艾迪后来听到的那样——“你保证了所有孩子的安全，你应该在那里”。这难道不跟“超人”一样伟大？

所以你瞧，当梦想照进现实，它并不会消失。超人、将军和宇航员只是换了个平凡的身份潜入你的心底，不断给予你勇气与力量，让你能够大声地说“我的人生是有意义的！”

朽与不朽

胡可

“雪上偶然留指爪，鸿飞哪复计东西？”想来东坡必是笃信“事如春梦了无痕”，死而速朽的，可今天他却以文豪之资不朽千年。倘他地下有知，必哂然一笑尔。

每个人其实都懂，人生而会死，死而会朽。于是人们害怕、惶恐，他们不愿自己的生命微不足道，于是世上便有了修仙、炼丹、冥宫、功德碑塔、转世和各种各样的“到此一游”。

人类迫切地想在时光中刻下自己的名字、留下自己的脚印，以求不朽，以求以另一种方式长生。

求不朽，别忘了“有心栽花花不发”。于是许多汲汲求不朽的便朽了，甚至速朽。帝王总欲人称“万岁”，不过似乎过百岁天年的都绝少。他们欲求不朽，兴建坟茔，大兴殉葬，以期来世之富贵、今生之不朽。可惜了，稀世珍宝安可埋于泥沙？盗墓贼们登上了历史舞台。陪葬越多珍宝觊觎者越甚，正是求不朽而加快了朽的进程。今天，你会赞美瓷器的精美、玉器的温润，你会想到坑主已朽的骨头么？

鲁迅先生在《阿Q正传》的序里曾说，《阿Q正传》是“他”欲写的一“速朽”的文章。他虽说“速朽”，可我们今天还是要用N节珍贵的语文课学它，恐怕我的孙子也还要学。这许是“无心插柳柳成荫”，不求不朽乃至求速朽而不朽。

苏轼，也有点这个味道。此先生是不好长生之道，亦看淡生死的，故有“事如春梦了无痕”之句。李白曾说：“天地者，万物之逆旅。光阴者，百代之过客。”太白亦不避言这弹指与永恒。庄周死后欲暴露于天地以肉身食鹰，不要棺而以天地为椁……但他们留下的痕迹都无心却不朽。

朽与不朽，并非人力可控、因意志可转的。固然，有许多求不朽而不朽的成功案例，可是更多的人却湮灭在历史的洪流。世事一场大戏，帝王将相、才子佳人，提灯走马。戏散之后，谁是名角，却只能由观众选出。对人生来说，观众是世人、后世人，是时光。

时光让中而不兴的帝王、酸腐道学卫士朽烂在尘埃之中，也让阿 Q、苏轼、太白、庄周金光绚烂地站在光阴中。

所以说，勉力雕刻自己的每一个足迹没准会让石头加快崩裂。你便只在路上走，沙也好，雪也罢，脚印什么的，只管留给后人踏。

游五丈原之感

陈一宁

伴着淅淅沥沥的小雨，我们来到了诸葛亮北伐的故去之地——五丈原。走进诸葛亮庙，感受着诸葛亮伟大的一生，脑海中再次浮现出诠释着诸葛亮精神的“鞠躬尽瘁，死而后已”。

的确，诸葛亮竭尽了一生的精力来报答先帝，兴复汉室，却以失败告终。这留给了后人无限的遗憾，正所谓“出师未捷身先死，常使英雄泪满襟”。

五丈原是诸葛亮故去之地，这里如今是绿树葱葱，是国家的旅游胜地。然而，历史的影子从未消逝，我们依然能想象到诸葛亮与司马懿斗智斗勇的一幅幅画面，还有诸葛亮未完成先帝遗愿这个永远的遗憾。

这一天下着小雨，让我想到了《三国演义》中的《火烧上方谷》。一场大火，一场大雨，演绎了诸葛亮伟大的悲剧……精心设计的妙计，一步步的胜出，本来能将司马父子三人置于死地，最终却败在一场大雨中。这到底是天意，还是必然的悲剧？

许多失败者用天意来给自己的失败找出路，这是懦夫的表现。天意背后存在必然，换句话说，有了必然因而有了天意。在《三国演义》中，我曾经想过，如果没有那场大雨，如果不是上天保佑了司马懿，诸葛亮就会成为最终的胜利者吗？我想答案是否定的。没有了司马懿，还有其他谋士，等待着诸葛亮的还是困难重重。违背历史潮流的朝代和远不如魏军实力的事实是造成诸葛亮失败的真正原因，这不是一场大雨的偶然，而是失败的必然。

没有偶然的取胜，也没有偶然的失败。任何事情的发生存在着必然性，任何人只有靠实力才能取胜，没有实力，偶然的胜利还是会转化为必然的失败。

诸葛亮的失败是必然的，然而这更加深了无数英雄的慨叹。他们感慨诸葛亮的坚持、不屈服的精神。蜀国不是最强的，但诸葛亮从没想过要放弃，这种精神使世世代代的人为之泣下，使我们铭记住了虽然失败但伟大的蜀相。

望着承载了太多太多的五丈原、诸葛亮庙，无限的感慨涌上心来……

“低碳生活有助于提高我们的生活质量”四辩词

靳天宇

谢谢各位，一场严肃的辩论需要一个严肃的概念。对方多次询问我们这种低碳的行为是否提高了我们的生活质量，那种低碳的行为是否提高了我们的生活质量，却始终没有对低碳生活给出一个恰当且合理的概念。我想请问对方，低碳与低碳生活是一个概念吗？你们如果连什么是低碳生活这个概念都没有建立起来的话，那你们的立论又从何而来呢？我们多次强调低碳行为并非完全是低碳生活的行为。像非洲的一些国家，他们的行为肯定是低碳的，可是他们贫穷得连低碳生活的概念都无法引入，又何以谈低碳生活无法提高他们的生活质量呢？

今天我们本着对于真理的追求来探讨我们日后地球的发展趋势，无论是对方也好，还是我方也罢，又有谁会否认人类要走一条可持续发展的道路呢？可持续发展是我方今天确立立场的根本出发点。下面我再一次总结我方的观点。

第一，只有认识到低碳生活会提高我们的生活质量，才能不断提高个体、家庭的生活质量。对方辩友一再着力于低碳会降低个人、家庭的衣食住行水平，可是对方辩友是否想过若总的环境恶化，作为个体的生活质量又何以提高呢？我方认为，生活质量指的是人类本身对于生活的认可度，对方说低碳生活会使种种物质条件退步，可是呼吸到新鲜的空气，享受到灿烂的阳光，又何尝不是人们的一种强烈欲望呢？更何况物质条件真的会大幅度退步吗？我需要提醒对方辩友，低碳的努力会带来相关科技的进步，完全能够使得我们的物质条件进一步提升。

第二，只有认识到低碳生活会提高我们的生活质量，才能顺应时代发展的必然趋势。浏览一列列的数据，我总是感到心惊胆战。仅拿中国来说，若以现在的形势发展下去，需要两个地球的资源才能达到中等发达国家的水平！而实际上，我们只有一个地球，资源的有限决定我们必须走可持续发展的道路，况且低碳生活的最终目标也是实现高速发展，而北欧等国家已经证明了低碳生活与其并无本质矛盾。此时此刻，再反观尊敬的对方辩友那只图一时安逸、及时行乐，置长远的利益以及自身的幸福于罔顾的观点，难道不是墨守成规、故步自封的体现？难道铺张浪费、饮鸠止渴的生活方式就是你们所谓的高质量？

第三，只有认识到低碳生活会提高我们的生活质量，才能坚持去走可持续发展的这条漫长道路。光阴荏苒，逝者如斯，从刀耕火种到蒸汽机的出现，从男耕女织再到多次的技术革命，在物质和科学技术突飞猛进的同时，能源的高消耗却为地球造成了极大的负面影响。温室效应、气候反常，照此以往，人类的未来变得岌岌可危。可喜的是，越来越多的人们开始注意到了低碳生活的必要性，也有越来越多的国家倡导低碳经济，普及低碳生活的理念。这让我们看到了一缕明朗的曙光。我们也相信，随着低碳生活的推广和可持续发展观念的贯彻，必将使生活方式从高能耗、高发展向低能耗、高发展转变。对面的朋友们啊，是时候醒来了，是时候意识到正如鲁迅先生所言“我之所谓生存，并不是苟活；所谓温饱，不是奢侈；所谓发展，也不是放纵”了。

最后，我想向所有人发表一个倡议。低碳生活其实做起来很简单，也许是洗澡水温度调低 1 度，也许是睡觉前随手关掉手机。这些看似微小的生活行为选择，如果滴水穿石、聚沙成塔，必将节约巨大的能源。所以我倡议：希望大家关注日常小事中的节能减排，让你我联手，共同推动地球的可持续发展！

谢谢各位。

“中学生不应该使用手机”四辩词

靳天宇

首先感谢主席及对方辩友的精彩发言。然而我方需要指出的是，对方辩友看似完美的发言中对几个问题的认识有严重疏漏和逻辑上的严重混乱。

对方辩友说手机可以方便人们的生活，可以加强我们与周围世界的沟通，当然这对于人类整体来说是显而易见的，但同时还要请对方辩友不要忽略中学生在全人类利用手机可以沟通这一矛盾普遍性之外的矛盾特殊性，不要忘记我们这次的辩题中主体是中学生。我方不否认无论有无手机，对人类而言沟通都是必要的，可是对于中学生而言，其现阶段主要矛盾是学习，是通过学习更多的知识来实现我们日后的社会价值，是通过积累知识为未来建设社会主义事业打下坚实的基础。而手机的使用恰恰可能会使我们的目标迷茫，对青少年所特有的逆反心理推波助澜。我方不否认使用手机在一定程度上可以加强联络，可回头来看看已经拥有手机的中学生，他们真的仅仅把手机当作一种方便学习、生活的工具了吗？在座的各位都是学生，肯定也曾注意过我们中的大多数是以何种方式使用手机的：在课堂上提心吊胆地发短信，和朋友秘密联系，漫无目的地聊天……凡此种种，不一而足。这些现象与平时提到的手机用途孰轻孰重，想必对方辩友也应该清楚。到底哪些才是日复一日地在中学生中上演的，对方的辩友们，想必在学生处签署手机使用知情同意书的时候，已经心知肚明吧。

自然，对方辩友还会说，使用手机在中学生的日常生活中发挥着关键的作用，是不可或缺的沟通工具，它有效地促进了同学之间的情谊。遗憾的是虽然手机的确在一定程度上有交流的作用，但并没有对方辩友所说的那样不可或缺。它不仅有着难以避免的弊端，而且它的交流功用也完全可以被更好、对学习影响更小的方式代替。大家知道，在父母一辈也曾白衣飘飘、不负韶华的年代，自然是没有手机可用的，如果必须使用手机才能增进人们的感情，那么过去那一代人们的友谊都何以维系？为什么老一辈人的情感在我们看来却依旧如此真实而执着呢？我方认为，对于彼此之间真正的沟通的建立，手机并不是最重要的方式，且可以被替代。手机交流更不是我们利用它扯闲天、玩游戏的挡箭牌。

再者，一般学生的日常交际就在班级—学校—家三点一线之内，真的有必要仰仗手机与朝夕相处的人们保持联系吗？家里有固定电话，家长联系孩子可以通过老师转达，学生和校外联系则可利用住宿生的宿舍、传达室、年级组，十分方便。所以实际看来，手机原本重要的通讯功能的地位正在渐渐下降，而对通讯功能的需求不足势必导致对游戏、拍照、摄像、网络等手机周边功能的注意力转移，乃至喧宾夺主。而这些恰恰对同学们的注意力造成了很大的影响，时时刻刻挑战着中学生本就尚未完善的自制力。收件箱里动辄上千条的短信，五花八门“日新月异”的游戏，越来越高的拍照像素，随时随地上网不受限制地浏览各种内容的自由，哗啦啦流出的流量与话费……这些，当真是有益的、对于广大中学生群体来说不可缺少的吗？

综上所述，我方认为，中学生使用手机是弊大于利的。我们何尝不希望手机的用处只是方便人们的生活呢，但我们不能让五花八门的游戏、商家动人的宣传蒙蔽我们那可贵的理性。作为一名中学生，我们在日常生活中可以随处看到一位位同龄人因为使用手机耽误学习，导致学习一落千丈的例子；我们可以看到一次次研究显示的手机辐射对于青少年身体的巨大影响；我们可以看到我们中一个个没有任何经济能力并且涉世未深的人，却用着比家长还多得多的话费；我们可以看到 iphone4 等种种贵族手机在中学生中的走俏使得攀比日渐成风；我们可以时常听到上课过程中手机铃声的响起引发班级和老师注意力的分散；（展示海报）我们可以看到在所有已经给学生买了手机的家长中有 69% 的家长对于买手机这个行为表示后悔并对中学生使用手机持反对态度。我们更可以看到，德国、芬兰等手机普及远远早于中国的发达国家，因看到了中学生使用手机弊大于利这一后果，做出了禁止向未成年人出售手机的规定。中国正在借鉴这些国家的经验实施教育改革，这些经验不也同样值得借鉴吗?

我方并不否认中学生使用手机有其有利的一面，总体来说手机的使用已经对人类社会的进步起到了积极作用，且这一趋势明显将会继续。但是我们不能忽视中学生这一群体的矛盾特殊性，要具体问题具体分析。因为上述种种原因，手机目前在中学生中的流行，对中学生这一特定群体带来的却是从身体健康、经济条件再到时间分配、学习成绩乃至心理健康方面层出不穷的弊端与坏处，为数不多的利处也因为中学生自制力不强等原因而显得微乎其微，这也是不争的既定事实。就目前而言，中学生使用手机正如前面我方辩手所陈述的那样弊大于利。我们不否认也许在不远的将来，随着手机功能的限制或者改善，以及手机本身的更合理设计，手机可能会更好地为人类服务。我们之所以要说中学生使用手机弊大于利，是为了让同学们能够充分认识到，在现阶段中学生的独有特点和科学技术的限制下，使用手机给我们带来的更多是迷失与虚度光阴，乃至是事后家长和自己悔恨的泪水。只有正确地认识到现实状况，我们才能更好的趋利避害，努力实现自己人生的价值，努力为中华民族早日复兴贡献自己的力量。

第五卷

诗歌

闲来试填词

闲来试填词

冷昊庭

破阵子·秋闲得赋

向晚浊风未荡，斜阳蒙影方清。万顷魂歌金错血，一室闲抒乐府行。寒林铁壁惊。

使为生民立命，谁开万世太平？肆火遍燃东海望，投箸横推天汉星。不如访月听。

临江仙·虎

曳曳西楼孤静子，常人道以名淑。向来三载共经途，名淑无处觅，方解是於菟。

曾谓於菟风伴影，谁知朗朗惊凫。使得太守密州如，平冈闻此啸，千骑且崩殂。

青玉案·妄谏

日出海隅东国地，照中土，兴王气。云港良家多子弟，龙吟黄钺，凤衔方戟，旌舰波涛洗。岛夷终属圣清邸，万丈朝霞汉家启。将子谋得天下计。太平西北，外兴表里，尽沐《春秋》义。

闲来二三诗

靳天宇

怀李鸿章

一身正气在，
奈何恶名留。
何必叹人世，
俯仰自春秋。

相思

一棵相思树，
寂寞红尘里。
风过无人知，
满地相思子。

读书偶感

旧时初逢仍在目，
可堪如今音痕残。
遥想与君相识日，
玉树临风一少年。

忆江南·祭卿酒

江南醉，
灯火夜寻声。
一曲琵琶动地舞，
回首才看已成梦。
明月几时曾？

采桑子·忆竹山

当时只道寻常事，
水也潇潇，
风也潇潇，
罗帐红烛入梦遥。

阶前独倚秋风过，
山也岧岧，
路也迢迢，
听雨僧庐又一朝。

仿乐府

自郎从军去，
一别已数年。
朝暮勤操持，
日夜盼君安。
忽闻脚步声，
似是故人还。
执手情脉脉，
相顾两无言。

别了，远去的你们

张卓

（此诗的形制特别：左列自成一篇，右列自成一篇，自左向右横行连读又成一篇，自右向左横行连读又成一篇。）

你会明白吗？	我不明白。
我为何留恋?	那校园中的回忆，
仅仅为一片树叶，一朵花？	为何不仅仅是记忆中的样子，
对不起，你错了。	是啊，我错了！
校园故土上有的是那种，	年华逝去的忧愁，
记忆仍存的气息。	不忍相信，那已是过去，
屏息凝视，	看啊，又怎能看得完?
不曾看到那学海中挥桨的我们吗？	拼搏的身影却日渐斑驳，
不曾听到鼓劲呐喊的我们吗？	声音却已在远去的途中，
不曾留恋吗？	怎敢忘记呢？
也总会想起，	想起你，
攻破难题的骄傲神情，	想起我，
桌角上渴盼的胜利誓言。	我相信：
总会记得，	我们一起的日子，
忘不掉的！	忘不掉的！

在路上

张卓

踏上人生这条坎坷的大路，自出生时天真无知的嗷嗷待哺。
虽不知这路尽是荆棘密布，回眸望却十五年已藏入纪念簿。
小时曾追随白雪公主漫步，转瞬间已跃上高中的新鲜旅途。
如今正迷恋着柏拉图彳亍，试把政治经济哲学一点点领悟。
在书海中每每为人物踌躇，发现原来他们拥有同样一条路。
波折中隐约听到斥咄止步，但面对一切阻碍都大声说出不。
行进的路途尽管恐怖孤独，有了理想前方终究会花团锦簇。
成功在努力之下终于屈服，丝毫的前进也将在历史中存储。
我亦相信青春应由我做主，我亦要拥有一条美丽的鸿鹄路。

是书让我领略到奇葩笔触，悲伤时刻用笔把吾心吾情记录。
是书把文字世界拉开帷幕，欢喜十分踏入新征程迈开脚步。
是老师在黑板上板书作图，夜晚灯光下将作业中错误逮捕。
是朋友同我为难题愁闷打赌，约定韶华沦陷不再红颜时莫哭。
是父母担心操劳对我督促，我怎能不走好这条路以免辜负。
是一个个陌生人为我劳苦，而我也为你们的灿烂前程祝福。
我仅仅是苍茫人海的一粟，更是为梦想奋斗的九零后一族。
我可以精疲力竭永不服输，我可以昼夜奋战头悬梁锥刺股。

我能失败后像诺曼底登陆，我能成功后杜绝因自傲滑铁卢。
我会轻哼小调读经典史书，我会漫谈趣闻学阴阳道法墨儒。

有了方向而勇往直前征服，有了目标而奋力赶超不畏困苦。
追梦人都在同一条路竞逐，你我也会在成功者的岛屿会聚。
愿在彼此的人生坎坷之路，彼此找到属于自己的成功幸福。

第六卷

书评

最是鲁迅应该读

湖心旧梦

——读《西湖七月半》有感

方文正

张岱，是明末清初的文学家与史学家，早年是沉溺于声色犬马、诗书词画中的富家子弟，晚年国破家亡，穷愁潦倒才开始追忆反思自己的人生，自己生活的时代以及自己曾经从属的大明王朝的风风雨雨，写出了史学著作《石匮书》，杂文集《陶庵梦忆》《西湖梦寻》《夜航船》等。而正是这些杂文，使得他成为我最欣赏的古代文学家之一，我尤以《陶庵梦忆》为最佳，而其中又尤以这篇收入明清文学选修课本的《西湖七月半》为最佳。

“西湖七月半，一无可看，止可看看七月半之人。”从这句揭开序幕的话中就可以看出，作者这篇名义上的游记写的并非良辰美景，而是欣赏这些美景的各色人等。在之后的主要篇幅中，作者详尽生动地描写了四类虽然看月但事实上出于各种目的并非真正因为欣赏月亮而看月的人，并且对他们进行了微妙而恰到好处的讽刺——每天夜晚城外都有月亮，每月都有月圆之日，为何独独节日人潮涌动而平日“避月如仇”呢？

与这些看月之人形成反差的，是第五种“看月而人不见其看月之态，亦不作意看月”者，也就是以作者为代表的“吾辈”。只有他们才会在东方将白，世俗的游人散尽的时候“纵舟酣睡于十里荷花之中”，只有他们才会体会到在月夜下浅斟低唱的朦胧而又美丽的意境。跟随着作者的足迹，几百年来不知有多少读者对那放舟湖心“清梦甚惬”的情景心生向往，满腹感怀。

当然，在我看来这篇小文的魅力还远不止这些，如果结合张岱的人生和他所处的时代，相信每一位读者都会有更深切的感触。

张岱的一生似乎与西湖有着割舍不开的联系，最有名的文章乃至最有名的文集都与西湖密切相关。但是我们看他描写西湖的文字，多半是在追忆往昔尽情游玩的岁月。文中所描写的如沸如撼的湖边盛景都是数十年前的过往。因为他不幸生在了一个乱世，一个王朝行将覆灭，天地不仁、以万物为刍狗的时代。农民起义、清军肆虐等伴随着不断的天灾蹂躏着中华大地，张岱家也不能幸免。然而即使是这样张岱仍旧思念着寄托了他无数美好回忆的西湖——“余生不辰，阔别西湖二十八载，然西湖无日不入吾梦中，而梦中之西湖，未尝一日别余也。”然而当年事已高、多年颠沛流离的他终于回到魂牵梦绕的西湖之时，却发现一切早已面目全非：“余梦中所有者，反为西湖所无。及至断桥一望，凡昔日之弱柳夭桃、歌楼舞榭，如洪水淹没，百不存一矣。”他甚至感叹自己真不该重游，否则还能“保我梦中之西湖”。

旧日歌舞升平的西湖和在湖心泛舟的青年都随风消逝了，现在剩下的只有瓦砾残骸和一个孤独的老人。属于他的时光和时代都过去了，他的身份仅仅是“前朝遗老”，他所拥有的仅仅是旧日绮丽的梦境。

身为一个涉世未深的高中生，我无法感受到孤独的老人心中的悲怆与凄凉，但我至少明白了为什么他写下了那么多史籍、那么多充满回忆的随笔，至少明白了为什么他选择去描写七月半“鬼节”的西湖，至少明白了他为什么受众多读者推崇。

身为落魄的文人，张岱唯一的武器就是笔，他记述时代兴衰、王朝更替的历史，他寻找自己在西湖边的清梦，都是与遗忘对抗，与残酷的现实对抗的最后努力。毫无疑问，老人获得了这场战斗的胜利。我们还能尽情阅读他的文字并挥笔写下洋洋洒洒的读后感就是最佳的证明。

而他悠长生命的终结，或许就像数百年后美国史家史景迁设想的情景一样：在一盏深夜的孤灯下，风烛残年的白发老人忽然放下笔微微一笑，鬼使神差地手舞足蹈起来，仿佛自己仍然是那个梦中的总角少年。

梦所未见，其梦也幻。梦所故有，其梦也真。

今已白头，梦中仍是总角。

这一生不再有的奇遇

——《苏菲的世界》读后感

方文正

“苏菲放学回家了。有一段路她和乔安同行。”就是伴随着这么一句话，苏菲、乔安、艾伯特和席德以及全世界千千万万的大小读者们迈入了苏菲的世界的大门，展开这一生不再有的奇遇。

一

你是谁？我们从何而来？

这两个揭开了故事序幕的问题你是否曾认真思考？思考过后又得出了什么结论？

我们以何种形式存在？在漫长的人类历史和无限的宇宙中存在的我们到底是什么？我的思考从何而来？既然一切最终都会化归无形，一切都会走向结束，那么我们生命中的一切岂不都是一场徒劳？我们的生命究竟有什么意义？

这些都是终生伴随每个人的问题，也是永远无法得出统一、明确答案的问题。正因为如此我们中的绝大多数最终都放弃了思考，失去了好奇心，躲入“兔子的皮毛深处”浑浑噩噩、庸庸碌碌地了此余生。但是有些人拒绝如此度过自己的生命，他们决心走到兔子毛发的最顶端去眺望寂寥空宇中的星辰，把自己有限的精力投入到无限的思考当中，去寻找自己生命的意义。坚持怀疑、反对传统、保持好奇，他们前赴后继地探索着这个世界的奥秘。

于是有了在古希腊爱琴海畔发源的自然派哲学光芒和雅典的苏格拉底、柏拉图和亚里士多德三人在整个欧洲所燃起的千年智慧之火。

于是有了牺牲人性献祭神权的漫长中世纪和人性复苏的文艺复兴时期笛卡尔、斯宾诺莎等人的理性主义和以洛克为代表的经验主义的碰撞。

于是有了启蒙运动里人权对于王权和神权的反抗、百科全书派对于科学和理性的推崇、黑格尔三段式的辩证法以及作为一个哲学家的马克思对人类未来的终极思考。

于是有了基督徒康德革命性的道德哲学和20世纪无神论者萨特以人为中心的存在主义。

于是有了这本书里的苏菲和艾伯特，试图将古往今来的深刻思想、贯穿着欧洲历史与文化的思想史教给席德与众多读者。

他们从未停止过努力，于是他们的学说也从未停止过前进的脚步。而这本书的目的就是要以小说的形式将这些哲学知识灌输给每一个像苏菲、席德那样的读者，同时无形中将世界大同、女权主义、和平、人文思想带着浓厚的温馨感觉随着哲学知识启蒙带给他们。

二

在成为一本人文知识读本的同时，《苏菲的世界》还是一本充满悬疑甚至魔幻色彩的书。随着一章章哲学知识教学的推进，艾伯特和苏菲也在抽丝剥茧般地通过生活中不寻常的蛛丝马迹揭开事实的真相。当你读到全书后半时真相才会在戏剧性的一幕中揭晓——主人公苏菲与艾伯特实际上生活在书中，是少校写给女儿席德的作为生日礼物的书中教导席德哲学的人物！

苏菲和艾伯特只是席德读到的一个故事。

身为读者再联想一下，少校和席德又是我们读到的故事中的人物。

用书中的话来讲，这是多么反讽的事实啊！

再往下细想，苏菲的故事被席德阅读着，席德的故事被我们阅读着，那么，会不会在我们的意识无法到达的某处，我们也受着某种更高意识的操纵？我们的存在、我们的行动、我们的喜怒哀乐只不过是艾伯特口中“少校的小把戏”一样的事物，我们会不会从没有真实而独立地存在过？而假如真是如此的话，我们的生存甚至我们思考我们生存的意义这些事情，都是完全没有意义的？

再进一步的话，即使我们存在，活着的时候，我们以我们的眼光打量着世界，会认为世界就是我们自己，一切都是因我们的存在而存在。可是不从我们自己的角度而从宏观上来讲，千千万万的人、动物，生命其实本质上没有差别，不过是一代代出现、消失之于宇宙，这一切的出现与消失根本就是无所谓的。

就像书的尾声中所说的那样，在组成整个宇宙的无数同种物质中，我们仅仅是很小一部分。我们是几十亿年前熊熊燃烧的那场大火中所爆发出来的一点火花。

人生如星尘，渺小又微不足道。

三

但是，“人，作为一种拥有开放意识的独立主体，我们应该对所有未知的世界充满无畏和反抗，不管我们从哪里来，不管我们本身多么弱小。”这是苏菲的世界的“上帝”少校所写下的话，果然，仿佛为了印证这段话，苏菲和艾伯特最终驱车逃离了少校笔下的世界，找到了属于自己的幻想人物所组成的乐园。

书中提到过萨特的存在主义观点：“生命并没有固有的意义，追求广泛的生命的‘意识’是没有用的，我们注定要自己创造这种意义”；“生命应该没有意义，但是我们生命中的意义必须由我们自己来创造”；“存在的意义就是要创造自己的生命”——苏菲和艾伯特逃离少校的世界，不就是在为自己的人生创造意义吗？无论是挥洒着汗水辛勤工作的建筑工，思考人生意义前赴后继的哲学家，还是在深夜孤灯下敲打着键盘写读后感的中学生，不都是在创造我们人生的意义吗？

反而如果成为一个怎样都无所谓的虚无主义者、一个躲入兔子皮毛下拒绝思考的麻木者，才是真正的失去了生存的意义。

是的，人生如星尘般渺小，但是人生也可以如星辰般美丽。

“我们就像是还没背好台词就被拉上舞台的演员，没有剧本，也没有提词人低声告诉我们应该怎么做，我们必须自己决定该怎么活”——深夜孤灯下，停止敲打键盘的中学生默想着书中艾伯特的“台词”。

“我们必须自己创造自己更好的明天，我们必须自己决定自己生存的意义。”少年如是感叹。

哲学便是教会人们思考，教会人们怎样面对生活，怎样生活得更好。这是从这一生再也不会有的奇遇中学到的。而只要站在兔子毛皮的顶端，仰望星空，每个人都能成为那个思考着的“魔术师”。

窗外微风习习，月朗星稀。

少年想着，在这个浩瀚的世界上，他将与谁同行，他将找到什么样的人生。

另类品读《呐喊》

——名字的玄机

刘韫嘉

鲁迅先生的《呐喊》是我国近代小说史中难以逾越的巅峰。其极富张力的表现手法、凝练而经典的语言和深远的现实意义，成为一代代学者探讨与研究的对象。近来重读《呐喊》，便想谈谈这些故事的主人公名字里面的玄机。

众所周知，在一部成功的文学作品中，人物名称应当反映一定的含义，或是表现这个人的性格，或是暗示他的命运，总之是决不可为艺术性而忽略思想性。我国四大古典名著之一的《红楼梦》在这一点上取得了很大的成就。偌大的大观园里不但有“原应叹息”的四春，还有潇湘（消香）馆、怡红院（遗红怨）的点缀，将“千红一哭，万艳同悲”的主题刻画得淋漓尽致。而《呐喊》似乎也与这部《红楼梦》有着异曲同工的妙处，以下仅节选几篇文章，以阐述我的拙见。

《明天》在人物名称的塑造上极富代表性，也是整部《呐喊》中最集中使用名字谐音、寓意来辅助文意的一篇小说。

首先说女主人公单四嫂子。这是一个生活艰苦的寡妇形象，孩子宝儿又生了重病，到处求医问卦都不见效。文章中并未确切点出单四嫂子的全名，但她姓“单”则是十分确定的。“单”字做姓氏时，与善良的“善”同音，体现出单四嫂子的性格特点。文章中作者用“粗笨女人”来形容单四嫂子，我想也不完全是贬义。毕竟相比于作者刻画的精明形象相比，单四嫂子虽拙，但却有着天生的朴实厚道。在当时的社会环境中，很多人没有把聪明才智用来报效社会，而是趁动乱之时牟取一己私利，从这一点上看，单四嫂子的粗笨倒也不是什么缺点，反而很可能是作者对她的赞美之词。

“单”字也可作孤单讲，即是回归“单”的本意。在这个层次上，作者显然是想突出单四嫂子作为一个寡妇，在社会上形单影只、孤立无援的境况——一面忍受着红鼻子老拱与蓝皮阿五的凌辱，一面还不得不接受他们的“帮助”。

一个“单”字，体现了人物性格，又交代了人物生活的大环境，实在是这篇文章中的亮点！

接着说这篇文章中的两位“侠客”——红鼻子老拱和蓝皮阿五。作者没有点出两人的真名，而是选取了他们各自的形象特点。红鼻子是我们俗称的酒糟鼻，因常年酗酒所致；蓝皮在现实生活中恐怕并没有蓝本，但根据作者的其他著作来看，蓝皮多半与鬼有着千丝万缕的联系，用鬼的形象来给一个人冠名，可见这个人的内心是多么丑陋。事实上，作者在文章中也通过二人的行为印证了他们名字的准确性。文章一开篇，红鼻子老拱便以“手里擎了一碗黄酒”的形象出现，紧接着作者又交代了喝酒的时间——深更半夜。如此一描写，一个嗜酒如命、不务正业的红鼻子老拱也就跃然纸上。而蓝皮阿五更是干出把手“从单四嫂子的乳房和孩子之间，直伸下去”的勾当，叫他是“蓝皮”恐怕也不为过。

文章中还有一个戏剧化的人物——何小仙。何小仙大概不是他的真名，而是找他求医的人们给他起的“敬称”，但是鲁迅先生却用宝儿的死亡证实了这个“小仙”无非又是一个害人的庸医。

这一点让我联想到鲁迅先生本人的经历。父亲的死对他的影响是持久而巨大的，无论是远渡日本学医，还是在文章中塑造一个又一个诸如何小仙这样愚昧自大的庸医形象，都饱含着鲁迅先生对封建迷信的痛恨和对国人麻木不仁、墨守成规的批判。

如果说《明天》里的人物名字体现了他们个人的命运，那么《药》则是引出了整个华夏民族的悲剧。同样是讲述庸医害人的故事，《药》戏剧性地把一捧革命战士的鲜血化作庸医笔下的治痨神方，让中国人亲口喝下了同胞的血。

“华小栓”“夏瑜”，两个命运迥异的孩子，却组成了一个“华夏”民族，其实正反映着当时社会的真实状况——无非是两种人——一种被封建思想所桎梏，相信只有神灵才能拯救自己；另一种敢于破除迷信思想，追求正义、民主和自由。然而作者却安排前一种人喝了后一种人的血，看似对时局满含绝望，实则不然。

首先，我们从故事的结局可以看出，虽然革命志士夏瑜在人民的漠视和反动派的迫害下英勇就义，但相信庸医、吃血馒头的华小栓最终也没能逃避死亡；其次，作者在自序中提到，“但既然是呐喊，则当然须听将令的了，所以我……在《药》的瑜儿的坟上平空添上一个花环……”，证明作者对革命始终充满热情，对革命的未来也始终充满希望。

鲁迅先生的这服“药”，既开给华小栓，又开给愚昧的国民，更是开给中国的革命。

最后再来说说《风波》，这是发生在辛亥革命后的乡下，关于剪辫的故事。故事中的祖孙三代九斤老太、七斤（七斤嫂）、六斤无一不是用斤数来取名。这是中国古代农村的一个传统习俗，在给新生儿起名时，通常取他出生时的体重。而这篇文章中除了这一层意义，还有便是九斤老太口中常常念叨的“一代不如一代”的含义——从九斤到六斤，越来越瘦弱，我想这也是鲁迅先生对当时社会意识迟迟不觉醒，国人“在铁屋中熟睡，不久就要闷死”的现状的感慨与焦虑。

《呐喊》像一本大书，为我们呈现了中国近代的社会百态，然而近一个世纪后的今日，这部大书仍有其现实意义。它一方面体现了鲁迅先生高超的写作技艺与思想深度；另一方面也反映了当前中国不可忽视的社会问题。品读《呐喊》，感悟鲁迅先生在字里行间透出的对未来坚定的希望，就是对我国近代革命历程的回顾，对思想境界的提升，以及对人生的反问与思考。

《雪国》读后感

孟玳

三伏天里读完了《雪国》。这个世界如此复杂，是美是丑，取决于我们的眼睛。我幼稚地希望，每个人都能看到人间有情，情中有美。所见之处，皆是雪国。

皑皑白雪，简陋的木板屋，狭窄的山间小路，寂静的环境。

开篇，岛村感叹车窗外美丽的暮色如同幻景，之后与驹子发生的感情故事，都铺设在这个幻化的背景之上。在荒芜的雪国里，面对驹子惊人的淳朴之美，岛村静静地欣赏着。他们之间所谓的徒劳的情感，更是在洁白寒冷的背景里添上一抹晕染的色彩。驹子对岛村的爱慕，对城市的向往，到头来，都只是一场徒劳。

岛村来自东京，像所有的大都市的人一样，他用短暂的热情去爱，然后迅速忘记，正如同他对日本舞蹈的研究和对西洋舞蹈的痴迷。他明知驹子对他的爱和寄托完全是一种虚妄的东西，对此还是欣然接受，并且精确地选择一个时间离开。

驹子，是一个淳朴的艺妓。精致的针线盒子和直桐木的柜子，是她在东京生活的一丝残留；她的三弦琴弹得很好，但“那也只是在村子里是最好的”；她又是城市的败北者。岛村，是驹子的全部向往。

我一直疑惑叶子存在的必要性，大概是因为叶子便是驹子的倒影吧，叶子象征着她纯洁的过去。岛村第一次遇见驹子的时候，她还只是酒店的女侍，生活困窘。岛村对她第一眼的感觉就是“干净”，觉得这个女子的脚趾弯里也是干净的，这和听见叶子纯美甘冽的声音的感觉，以及看见她清丽脱俗的脸庞时心中升起的赞叹之情完全相同。当岛村第二次去见驹子时，驹子已经发生了很大的改变，成为了艺妓。于是叶子出现了，将从前的驹子保留下来，过清贫生活，照顾驹子病重的未婚夫，不间断地上坟。驹子则穿上艺妓的裙子沿着另一条截然不同的路前行，爱上岛村，直到岛村离去，她才像任何一个普通的艺妓一样年华老去，在这样一个荒凉的地方渐渐忘掉所有关于东京的妄想。

而我，还是喜欢那个原来的驹子，纯洁，无瑕，正如雪国的皑皑白雪。岛村让她帮忙寻欢的时候，她的回应是：“你真了不起，居然托我办这种事。”尽管初次见面时惹出这般尴尬，她却依然因为岛村的一句“我想跟你交个朋友，清清白白地，才不向你求欢呢”，对这个陌生的男人产生了信任。在她的日记里，不论什么都不加隐瞒地如实记载下来，连自己读起来也会难为情。因为纯洁，喝醉了酒的时候，一连写了二三十个自己喜欢的演员的名字，还把“岛村”二字写了无数遍；因为纯洁，所以内心执着，并不在乎十六岁起做了十多册的读书笔记是不是一种徒劳。也正因为这份纯洁，岛村才会在心中怜惜她。

然而，城市化的梦想，一旦燃起就无法熄灭，何况驹子又处在这样一个充满梦想的年龄。驹子向往东京的生活，她早就想把过去的一切，连同跟行男之间的所有记忆，统统割裂。她阅读所有她能接触到的小说和杂志，记住了许多连岛村都不知道名字的新作者，而所谓文学，似乎却不属于这样的小地方。她还努力练习着三弦琴，弹奏的阵势，仿佛自己在一个宽大的舞台之上，下面座无虚席，然而她的听众却只有岛村——这个从东京来的男人，以及远方积雪的群山。“看上去她那种对城市事物的憧憬，现在已隐藏在淳朴的绝望之中，变成一种天真的梦想。”驹子本身可能只字未提，却通过叶子之口说了出来。叶子对岛村所说的“请带我去东京吧”“请好好照顾驹子姐”，其实正是驹子自己的心声。

小说结尾对银河的大段描写，便是岛村与驹子关系的象征。银河的星光显得很近，像是要把岛村托起来似的。岛村所爱的，难道不是如银河星光般纯净明亮的驹子吗？而驹子所向往的，不正是岛村生活的、对她而言如同苍茫大地般的都市吗？哪怕是纯净雪国生长的女子，经历了世事的打磨，不也如银河一样深邃无底吗？抬头望去，银河好像哗啦一声，向他的心坎上倾泻了下来。

或许，川端康成先生的看法，已经借岛村之口说出来了。“你是个好女人。”是的，驹子展现了一种朦胧、内在的美感，虽然她的情绪、精神、心灵贯穿着天真、无瑕、悲伤、颓废、冷艳、热情，但她对岛村的爱是上升到精神层面的，没有停留在单纯的身体层面。

皑皑白雪，简陋的木板屋，狭窄的山间小路，寂静的环境。雪国之中，蓦然回首，盼望着能偶遇那位纯洁的女子。

一个不能认同的灵魂

——读周国平《岁月与性情》

辛梦瑶

一

“这只是一个浪潮，有涨潮，就会有退潮。”

可是世英，你再也等不到退潮了。你那冷静、闪烁的目光，终于像一颗石子，纵身一跃，投入了这汹涌拍打着的浪潮之中。

在这浪潮之中，郭世英无疑是坚强而成熟的，他冷静明智的判断为他争取了时间，也提供了与胆怯相抗衡的勇气，然而也带来了无尽的痛苦。这热烈的持续的浪潮像是凶猛的海浪拍打、剥削着礁石，也在拍打、剥削着郭世英的身心，让他变得——从各种程度上来说——疲惫不堪、筋疲力尽，把情感深埋进心里，再无力与浪潮抗衡，逼入死角，走投无路。

是惩罚吗？把一颗本身敏感灵动的诗人之心抽筋、剥皮、削骨，留下遍体鳞伤、满目疮痍，再细细研磨，慢慢煎熬，逐步烘干，最终余下一地冷掉的尘埃。世英，这是惩罚吗？惩罚二十岁的过失，放任它化为一道道凶狠的伤口如同诅咒纠缠着你吗？惩罚你敏锐的性格在这漫天的尘土中显得太过犀利吗？难道，连你那颗诗人的心都被时代视为过错，而残忍地惩罚吗？

世英，告诉我不是，用你振聋发聩的呐喊一遍遍确认这个答案，让它清晰到足以铭刻在每一块历史的碑文上。但你的表情依旧是那么淡漠，如同脸颊上日渐消逝的血色，一根根的头发，一丝丝的眉睫，一个个的毛孔，都透露出淡泊的神情，仿佛一尊石像，平静却冰冷。怎么了，世英，是因为过失的诅咒已经将你心中的希望彻底熄灭了吗？是因为你的犀利被尘土扼住了喉咙而无法言说了吗？还是因为你那随时可以流淌出诗句的心已被造化捉弄得千疮百孔抹去了应有的棱角？

我不得而知，因为你，早已倒在浪潮之中，随了历史的尘埃。

二

“我一直不能接受世英已死这个事实，无数次地梦见他。每次梦见他，他都仍然生龙活虎，于是我对自己说，原来他还活着，可是只要这么一想，我就立即看出他已是一个死者。事情过去三十多年后，我仍会做这样的梦。在这一生中，我梦见得最多的人就是世英。”

一颗喧嚣的心，为你宁静；一个失落的人，为你痴情。郭世英的死，带走了他在人世间的音容笑貌，但带不走周国平心中长久的怀念与悲哀。

周国平之于郭世英，是挚友，而郭世英之于周国平，这一份感情则更加浓厚更加深刻。郭世英的离去，对于这一份感情并非画上了一个休止符，而是延伸，无尽地延伸，延伸至目所不及的道路前方。梦中世英愈鲜活愈悲痛的身影，注定要陪伴他走过这短暂而又漫长的人生。

浓烈、炽热、不可分割的感情，几近断背之情，“一生一次的痴情”，这样深沉的低吟并非没有原因。在轰轰烈烈的北大岁月里，是命运让他们相遇、相知，一次次碰撞出灵魂的火花，为周国平灌入文学的激流，又一颗诗人的心被点亮。两颗孤单而固执的心，就这样在每一个黎明前的阴冷中摩擦出微小的火花，彼此温暖，彼此守护。而新的充满爱意的种子，也在一个又一个黎明中，不为人知地浅浅破土。

一份深埋的真挚的情感，浸泡在无人理解的寂寞中，如奇迹般地发了芽；两个修长的携手的背影，映衬在整个时代的孤独下，无所畏惧地向前行。

再后来，背影从两个变成了一个，缓缓地继续迈步，有时也会停下脚步，环顾四周，望一眼曾经走过的路，似乎仍能感受到一个消瘦的灵魂陪伴，样貌停驻在二十六岁的年纪，音容笑貌一如往昔，似乎真实地存在着，却愈发带给人无尽悲凉。无法抹去的回忆，源于深刻亲切的怀念，然而眼前的相貌也越来越虚幻，只能隐隐捕捉擦过耳边的风中的呼唤。

这个不能认同的灵魂，从未离去。

偶然与必然

——读《人类群星闪耀时》随感

房文雨

有人曾经说："历史之所以非此即彼，并非什么必然性或者历史规律，而往往只是一个偶然或者荒诞的细节。"虽然这话有以偏概全的历史虚无主义色彩，但在某些事件上却得以应验。这些偶然性事件恰恰警示人们不可忽视必然规律中偶然因素的作用。

一扇门

奥斯曼帝国苏丹穆罕默德率领的军队与拜占庭末代皇帝君士坦丁十三率领的军队之间的攻城与反攻城之战已经持续了将近两个月，绝望、孤立无援的拜占庭军队还是依靠着欧洲最好的防护城墙一次又一次地打退了强大的奥斯曼军队的进攻，城内的人们苦苦地坚守着这最后一道防线，然而拜占庭却以一次悲剧性的意外事故葬送了自己。一扇门，一扇名叫凯尔卡的小门，一扇改变了历史的小城门就这样打开了！不，它是一扇打开奥斯曼帝国的大门！它为延绵一千多年的拜占庭帝国划上了句号。

这仅仅是一个小疏忽，几秒钟甚至一秒钟内，神就改变了拜占庭的命运。一瞬，决定了拜占庭帝国的一世！一个芝麻大小的意外——一扇被人遗忘了的城门就这样决定了世界历史。

一秒钟

格鲁希，作为一名军人，他只会忠实地遵照拿破仑先前对他的命令，按照预定方向，前往追击普军，而这种忠实却是一种可怕的固执。明知战场已转移至他处，格鲁希却恪守没有拿破仑的命令不得擅自转移的信条，就这样，一个平庸的小人物掌握了那个与欧洲近代历史发展息息相关的人的命运权柄，欧洲历史也从他这里重新谱写。

这历史性的一秒钟就在沉默中一闪而过，无痕，却将无所不能的拿破仑送到了回顾他传奇一生的圣赫勒拿岛的悬崖上，任何行动、任何言语都无法弥补这一历史遗憾。因为一秒钟里的一念之差，令他为人类历史制造了“滑铁卢”这个永恒的词语。

一辆列车

1917 年 4 月 9 日，一辆由瑞士开往俄国的列车开始了一次正常的旅行，但是没有人意识到这辆列车上的一个小个子乘客改写了俄罗斯的历史。“对于普通人而言，命运很少将掌控权赐予他们，即使降临，也只是不知所措；而对于英雄来说，他们会灵敏地抓住机会，永垂史册。”被我们叫做“列宁”的那个人，紧紧地抓住了命运的列车，由瑞士出发，越过德国，冲往彼得格勒，粉碎了那个旧帝国。1917 年俄历 10 月，列宁像一颗飞驰的炸弹，在俄国上空引爆，将一个旧世界完全摧毁，也点亮了一个新的俄国。

历史真的是一种奇怪的东西，它像一辆车子，由千千万万的人推动着前进，可是，就是一个偶然、一次错误，也许就在一瞬间里，历史就在我们亲手推动下悄然地发生了翻天覆地的变化。

一扇门，为一个千年帝国的覆灭增添了一丝悲剧色彩；一秒钟，为拿破仑的命运开启了一个巨大的转折；一辆列车，让列宁引爆了整个俄国……

有时候，一个细节改写了历史的命运，一个偶然因素影响了社会的进程。历史，就在不可改变的必然与瞬间万变的偶然中演绎变幻。

用故事打造城市

——读《带一本书去巴黎》随感

房文雨

在我的眼中，巴黎是一座充满梦幻气息的城市，她是浪漫和艺术的代名词，巴黎是一部浪漫的童话，也是一本厚重的历史书。《带一本书去巴黎》带我们近距离触摸了巴黎。

巴黎的每个地方仿佛都有她的故事，也许是在街头一个不经意的转角或是在地铁站的某个地方都隐藏着一段厚重的历史，也许你现在脚下踩着的就是一段轰轰烈烈的故事。

塞纳河静静地、和缓地穿过这座举世闻名的大都市，镶嵌在塞纳河中央的那颗小小的明珠——西岱岛，是巴黎的中心。这个城市的心脏上跳动着的不是繁华大都市那种急促、紧张的节奏，而是一种流水滑过指尖的平静和安详，仿佛有着千年沉淀下来的醇厚书香。西岱岛的南端伫立着神话一般的巴黎圣母院，它的魅力不仅来自于建筑艺术上的美丽，也来自于与法国大师雨果的浪漫邂逅。在塞纳河畔的咖啡馆品一杯黑咖啡，隔河相望巴黎圣母院，每一丝空气中都浸润着巴黎的浪漫味道。

监狱，往往是被人们忽视的角落，而西岱岛上的贡塞榭峄监狱却见证了法国大革命期间“必需的残忍”。在那里，无数的人被送上断头台。还有圣·谢荷曼教堂，无数人的生命终结在那场世界闻名的九月屠杀中。法国大革命改变了法国，影响了世界，但它的背后却是血的代价。

1789 年 7 月 14 日人民攻占巴士底狱，拉开了一场轰轰烈烈的大革命的序幕，愤怒的民众推倒了象征着旧制度的巴士底狱。如今的巴士底狱已经片瓦无存，只剩下巴士底广场上飞舞在蓝天下的金色女神。是巴士底狱的遗址造就了巴士底广场，而在巴士底广场的地铁站的底层存有两块巴士底狱的基石，是它们在地下见证了两百多年前那场轰轰烈烈的革命。法国大革命中最令人闻风丧胆的革命者莫过于罗伯斯庇尔了，他就是从雅各宾俱乐部中脱颖而出的，他见证了旧制度的摧毁，却开始了新制度的残暴统治。雅各宾俱乐部在大革命时期占据了重要地位，但在法兰西艰难的共和之路上，它的旧址早已湮没在历史中，如今只剩下旺多姆广场附近一栋不知名的建筑上那块历史的遗迹牌。

走出巴黎城区，来到卢瓦河畔的安布瓦斯小城，那里有一座安布瓦斯城堡，城堡并不华丽，名字也鲜为人知，但在那里安葬着达·芬奇，是的，只有一个达·芬奇，安布瓦斯城堡的小教堂是专为他修建的，他把自己留在了异乡的法国。就是这样一座小城，就是这样一座小教堂，却安葬了文艺复兴时期最伟大的画家。在作者的笔下，安布瓦斯小城很古老，很平静，简陋的旅馆，古老的街道和住宅，谁也不会想到，就在这里，达·芬奇度过了他最后的几年，在小城里有达·芬奇故居，还有他留下的成熟的艺术品。

轻轻地合上书，发现这本书留给我深刻印象的不是卢浮宫的庄重与典雅，也不是凡尔赛宫的富丽与辉煌，而是巴黎的每一条街道，每一个教堂，每一座广场，它们都蕴含着独特的历史故事，还有那街头巷尾的不起眼的历史遗迹。漫步巴黎的大街小巷，就像在寻找故事，寻找历史。

反观中国，在北京、上海这样的大都市里，高楼林立，像一片整齐的“竹林”，好像再也找不到几条安静的小巷、几片清新的绿化带和几处历史的遗迹了。北京城里的一些历史古迹为了给写字楼腾出一点地方，早已变成了破砖烂瓦，只剩下像故宫和长城这样“大块头”的“历史”了，而那些鲜为人知的“历史”早已灰飞烟灭，即使存在，想必也早已开发成为围墙重重的景区了吧。我想，北京甚至中国大概也不会有像安布瓦斯那样安静却不平凡的小城了吧，没有大规模地开发去扰乱那个伟大的灵魂，人们守着安葬一代巨匠的地方，一杯咖啡、一瓶啤酒，依旧平静地过生活。

“城市化”像一个巨大的克隆机器，把中国大大小小的城市都打磨成面目相同的一件件“复制品”；又像一辆无情的推土机，把那些不起眼的历史故事用高楼大厦的地基埋葬，让每条街、每个建筑都失去了它原有的独特。可是这样的城市化带来的不是城市的崛起，只是速度的飙升。城市本该是那个有容颜、有厚度、有故事、有记忆的地方，当它的棱角被磨平，它也便失去了存在的意义。

我想，我们也许该像巴黎那样，珍藏好历史的点滴，用故事打造一座城市……

用心感受幸福

——读《小王子》随感

房文雨

《小王子》的故事从一幅作者手绘的蛇吞大象的图画开始，在大人们看来，那只是一顶帽子。故事的开始也许就暗示了整个故事的基调：浅显天真却又略带忧伤。

小王子与他的玫瑰花吵架后离开了 B612 星球，当他来到地球遇到小狐狸后才明白，他的玫瑰花对他来说就是唯一，这种唯一不正是他的幸福吗？有时候幸福就在我们的身边，只不过他换了一种身份藏了起来，我们要珍惜身边的点滴，这其实就是幸福。

在小王子的旅行中，他看到许多人孤单地生活着，没有人倾听，也没有人诉说，他们到底缺少什么？他们缺少爱，缺少那种能把彼此连接起来的感情。人总会互相需要，需要彼此的帮助、支持，建立起心灵上的纽带，用心去爱别人，自己也会感受到被爱，这样的生活才不会孤单、无助。

有时候重要的东西是看不见的，要用心去感受。在忙忙碌碌中，也许我们已经忘了聆听一下自己内心深处的跳动，用心去寻找我们真正想要的东西吧。总会有人不满于他们的所住、所食、所行，那是因为他们根本不知道自己想要的是什么，只有用心才会看得清楚。就像小王子用心感受沙漠中象征生命的泉水一样。

经历过小王子的旅行后，会突然发现，我们每天都在学习知识，但有时候会把思考的能力抛之脑后；我们每天都在追寻幸福，想努力抓住它，但却常常把它粗鲁地踢开；我们每天都在屈从于自己的欲望，但却忘了用心感受自己想要的究竟是什么。

死亡到底意味着什么？在小王子的眼中只不过是放弃肉体，奔向爱与责任，奔向自己的星球，去寻找美好的事物……在天真的语言中，伤感失去了它所有的重量，恐怖再没有笼罩着死亡。在《小王子》的世界里充满了爱……

《小王子》也许是尘世里的一汪清水吧，洗涤着人们的灵魂，让我们在充满诱惑的世界中暂时忘却一下自己，回味正渐渐远去的童稚的纯真。

读《追忆似水年华》有感

张卓

面对这样一本庞大的著作，我总怀有深深的歉意，恨自己没能更细致地再读一遍，在记忆的长河中找寻真正的……真正的什么呢？真正的生活。

我合上书，想象着书中的钟楼，街边的教堂，广阔的田野，湛蓝的天空，这是马塞尔·普鲁斯特的生活，抑或是我的？我停下笔，又翻开那卷书，翻看那熟悉的文字，翻回到从前的回忆。

刚读第一卷《贡布雷》时，头脑中有一闪念，它就这样一闪而过，等我慢慢拾起：我觉得马塞尔是我不曾谋面的知己。我知道这样的一闪念是多么的幼稚愚蠢，我不能和如此伟大的作家相提并论，但这闪过的只是回忆中的脑海，而不是现在。

我回忆着自己看到的这个世界总是那么恢宏又那么微小，而我看到的一切好像是那样模糊，只有在回忆中才是清晰明了的。我记得天空中像丝带的那片云，我记得月亮旁时刻伴着的那颗星，我记得穿着丝裙的母亲给我的一个拥抱，我记得黑夜中一个人遥望窗外的孤单。而每当这时记忆便像一驾奔驰的马车，在通往回忆的路上怎么也停不下来。也许真的，生命只是一连串孤立的片刻，靠着回忆和幻想，许多意义浮现了，然后消失，消失之后又浮现。

这书在一个恍惚的瞬间就不经意地开始了，他回忆起那块甜点心玛德莱娜，像一把钥匙正确地插入了一把锁，然后回忆的大门便被启开了，往事如潮水般涌进脑海。而这种回忆的方式确是强求不来的，谁也无法预知它的到来。任何事物都有可能成为连接过去与现在的桥梁，回避不开，也找寻不来。

接下来的故事便一个个浮出水面，是那样自然而又那样唐突，有着通达的逻辑，又好像失去了相通的情理。有关姨妈、斯万、希尔贝特、阿尔贝缇娜、盖尔芒特夫人、查留斯男爵……一切都构成了一幅交织的记忆画面，一点点展开；又似一条涓涓溪流，不慌张不匆忙地奔向远方。

那又是什么？是逝去的时光啊。而回忆便是时间流逝留下的一条浅浅的印记，强求时便轻轻地消逝，只有在不经意间才渐渐显现。但也只有如此那时光才能找回，才能捕捉到那些逝去不再浮现的时光。在他的世界中，时光可以重现，它只是隐匿起来，寄附于浸过茶的面包干，附着在餐具的摩擦声中，缠绵在高低不平的石板路上。一旦流动的感觉与记忆接轨，一旦调动回忆和联想的闸门，就可以把过去的时光召回。也只有这样失去的才不是生命而只是时光。记忆帮我们把真正的生活找出来，帮我们抗拒伟大的时间，帮我们延续有限中的无限，帮我们实现幻想中的永恒。

在我看来，人的永恒不可能，永恒只是生活在幻想中的孩子，无论怎样的维度都不可能将他变得可能。但是回忆，能帮助我们拥有这样一种延续有限时光的工具，让我们拥有真正的生活。而这本书也诉说了这样一个真理：只有时间是永恒的，而且无可抗拒。而这样，就应该细细地留意有限的生活，注重对自己的认识，才能捕捉拾起点滴记忆中那个真实的自己。如马塞尔，他从一个非常神经质和过分受溺爱的孩子到最后在盖尔芒特公爵的那次聚会上，顿悟了时间的永恒、生命的意义及艺术的美丽，发现了死亡不是结局，不是时间的终止；明白像回忆、联想和艺术可以使无限的内心世界无限拓展、获得永恒一样，我们的生活也应该有这样的转变。

我们应该多停下来，悠闲地东瞅西望，看看春天的小草怎样突破泥土的阻隔与温暖的阳光相遇，听听鸟儿如何用高低缓急的声音交流欢喜忧愁，嗅嗅田野中油菜花的清香，让回忆能在有滋有味的生活中翱翔……

也许我们不曾有像马塞尔般清闲的时光，但拥有那样一份心情与敏感，就能让回忆变得多彩，让生活变得美丽。

我喜欢这样一句话：不是时间在溜走，只是我们在逝去。时间只是一个永恒的维度，绝不容人们随便地消耗。而我们在面对时间时，也只能用生命交换，得之不易，也应该好好珍惜吧。

在若干年后，我们回过头去，或许会笑自己当初的幼稚、青涩、莽撞，但是这份回忆是来之不易又挥之不去的，那逝去的时光让我们体味世界的美好，我们也应该用所有经历还世界一份美丽。

最是鲁迅应该读

张卓

小的时候，不喜欢鲁迅，是因为畏惧他那和面容一样冷峻的文字，是厌恶他那艰深的、文白夹杂的语言，是不懂他那万般深刻的所指和寓意。那时，不喜欢鲁迅。

渐渐大了，开始硬着头皮读《呐喊》，看《彷徨》，后来甚至读了《南腔北调集》，读了《且介亭文集》，忽然发现，原来：他那冷峻文字的背后藏着犀利的洞察着社会的一双眼睛和一颗包含温暖与怜惜的心；他那文白夹杂的语言背后浸入的是新文化运动的一滴滴血汗；他那无数深刻的隐喻背后是反动势力的阴险与狠毒。那时，渐渐发现，也许应该再读读鲁迅。

如今，会自然地拾起鲁迅，一篇小说抑或是一篇杂文，有时是一首散文诗，只要静下来读，每次都会发现些不一样的感受，领悟到鲁迅的一份魅力。

读鲁迅，还是应从最熟悉的读起，只有把熟悉的反复揣摩，才能发现平日中忽略的深刻与韵味。

从《呐喊》谈起吧。太多研究鲁迅的大家把正文中的结构、内容、人物特点等等分析得淋漓尽致，也存在许多争议与异议。我还是避开主战区，奔向一块小而精的土地，用我仅有的文学知识和我读鲁迅的切身感受，谈谈读后有关结尾的感受。

《呐喊》每一篇都伴着戛然而止的结束，而我总会笨笨地入了鲁迅先生高妙而又简单的圈套，总会迫不及待地再返回小说的中段重新阅读。有时干脆从头再读一遍，可到结尾又是一成不变的戛然而止的感觉。我试图领悟：何样的文字能让一个不大有耐心的读者反复斟酌一篇文章而不失新鲜。我便将《呐喊》中几篇大家耳熟能详的文章的结尾进行总结对比，简要分析。

在直截了当、绝不拖泥带水的结尾中，鲁迅将悲剧气氛进行一个延伸与扩张，把穿插在文中的、隐隐约约的悲剧气氛进行夸张，往往是用人物的语言、“我”的想法猜测或是环境描写进行渲染与烘托。而这其中又以环境描写最为精彩，我选择《孔乙己》《药》《阿 Q 正传》这三篇进行逐一说明。

孔乙己在篇末只穿一个破夹袄，长衫已脱掉，黑瘦且不成人样地出现在秋风一天冷似一天的初冬中的咸亨酒店，他在众人的取笑声中凄然离去，而后在“我”的眼中是“大约的确死了”。孔乙己的命运在如此的悲剧气氛中走向了注定的非自然的悲剧，这是人为的社会悲剧，这是封建思想下人受毒害后的看似不定的确定结果。众人的笑声伴随着全篇的孔乙己，从他出场便是众人的不屑与嘲笑，而这种对于笑的描写不仅是鲁迅对深受封建礼教毒害的孔乙己的讽刺，在我看来，还有一分对众人盲目旁观的暗讽。这样的以周围人物衬托中心人物的环境描写让读者不由自主地置身于嘲讽孔乙己的众人之中，在看笑话似地读到结尾，看到孔乙己“大约的确死了”的一刻，便迸发出一声哀叹，更多的是深深的自责。而这也就正达到了鲁迅先生“揭出病苦，引出疗救的注意”的创作宗旨。

对于《药》这篇小说的结尾有些不小的争议，抛下争议不谈，不谈“乌鸦是否代表反动势力还是不彻底的革命力量”之类的问题，只谈一谈结尾的环境描写。《药》的结尾有这样一段描写：“微风早经停息，枯草支支直立，有如铜丝，一丝颤抖的声音，在空气中愈颤愈细，细到没有。周围是死一般的静……”这一段环境描写有着阴冷悲凉的感觉，还透着一丝“鬼气”。

在这种阴森的情境之下，鲁迅让两位失去孩子的母亲一起“仰看那乌鸦，看那乌鸦缩着头，铁铸一般站着”。让小说的情节向悲剧的情境转移，从而更好地从环境描写中展现人物的悲剧命运，在这里也就更好地展现出文章的内蕴与主旨，反映出鲁迅眼中群众的愚昧麻木、革命脱离群众注定失败的现实。但鲁迅先生从来都本着“绝望之于虚妄，正与希望相同”的原则，在整篇阴郁的气氛中，加入了社会最底层群众朴实的温暖亲情作为照亮黑暗中的一盏代表着国民良心未泯、仍存希望的明灯。

《阿Q正传》这篇的结尾与上两篇不尽相同，没有那种悲剧的震撼力，而这篇《阿Q正传》却更为人所熟知，阿Q精神获得了十分强大的生命力，也就与结尾反衬式的环境描写有关系了。《阿Q正传》中阿Q的死放在大团圆的结局中，这不禁让我想到在《祝福》中，祥林嫂的死放在喜庆的旧历年前夕。他们同样是在欢乐的氛围中死去，是鲁迅先生别有用心的以乐境写悲情啊。阿Q至死不悔，临刑前还想着怎样唱戏，行为可笑至极。结尾名曰“大团圆”，可阿Q最后还是人头落地，让人在刚才的笑意还未完全散去的时候，就领略到了鲁迅先生想真正赋予这个人物的精神，想真正写下的这笔悲情。而在反思中，也不难领略到鲁迅先生揭示的民众的精神痼疾和革命的不彻底性。

鲁迅先生的文字魅力并不是寥寥数语能阐明解释清楚的，哪怕是一点点。

从鲁迅先生的作品中，不难发现、体察酿成那双凛冽冷眼的无限悲情和他洞察世情的敏锐犀利。他没有选择踏雪访梅，没有选择调朱粉点秋香，他选择了用心中流淌出的永不枯竭的力量，直面惨淡的人生，抵挡血腥的凄风苦雨。鲁迅先生以笔为刀，将手中的笔化作尖利的匕首刺破敌人的心脏；怀着一颗慈悲之心，解救被病魔困扰的底层人民；他用生命践行了“我一个也不饶恕的”誓言。

不如放下手中的繁杂，听我一句：最是鲁迅应该读。